Collection en poésie folio junior

dirigée par
Jean-Olivier Héron
et Pierre Marchand

présenté par
Pierre Marchand
et Vincent Besnier

la mer

en poésie

Gallimard

Poètes de tous poils dont les pieds ont des bottes,
Dont l'aile est repliée au mitan des capotes,
Par ce que nous savons, par ce que nous aimons,
Par le vent et le sel qui brûlent nos poumons,
Par les hivers du Cap tatouant nos mains bleues,
Les torrides soleils où flambent nos cheveux,
Par l'espace cabré que domptent les filins,
Par les bois et le fer, par le chanvre et le lin,
Nous chanterons d'instinct, toute âme, toute chair,
N'importe la musique et n'importe le vers :
LA MER !

Henry JACQUES

Chants de la mer

Victor HUGO

OCEANO NOX

Oh ! combien de marins, combien de capitaines
Qui sont partis joyeux pour des courses lointaines,
Dans ce morne horizon se sont évanouis !
Combien ont disparu, dure et triste fortune !
Dans une mer sans fond, par une nuit sans lune,
Sous l'aveugle océan à jamais enfouis !

Combien de patrons morts avec leurs équipages !
L'ouragan de leur vie a pris toutes les pages,
Et d'un souffle il a tout dispersé sur les flots !
Nul ne saura leur fin dans l'abîme plongée.
Chaque vague en passant d'un butin s'est chargée ;
L'une a saisi l'esquif, l'autre les matelots !

Nul ne sait votre sort, pauvres têtes perdues !
Vous roulez à travers les sombres étendues,
Heurtant de vos fronts morts des écueils inconnus.
Oh ! que de vieux parents, qui n'avaient plus qu'un rêve,
Sont morts en attendant tous les jours sur la grève
Ceux qui ne sont pas revenus !

On s'entretient de vous parfois dans les veillées.
Maint joyeux cercle, assis sur des ancres rouillées,
Mêle encor quelque temps vos noms d'ombre couverts
Aux rires, aux refrains, aux récits d'aventures,
Aux baisers qu'on dérobe à vos belles futures,
Tandis que vous dormez dans les goémons verts !

Victor HUGO

On demande : – Où sont-ils ? sont-ils rois dans quelque île ?
Nous ont-ils délaissés pour un bord plus fertile ? –
Puis votre souvenir même est enseveli.
Le corps se perd dans l'eau, le nom dans la mémoire.
Le temps, qui sur toute ombre en verse une plus noire,
Sur le sombre océan jette le sombre oubli.

Bientôt des yeux de tous votre ombre est disparue.
L'un n'a-t-il pas sa barque et l'autre sa charrue ?
Seules, durant ces nuits où l'orage est vainqueur,
Vos veuves aux fronts blancs, lasses de vous attendre,
Parlent encor de vous en remuant la cendre
De leur foyer et de leur cœur !

Et quand la tombe enfin a fermé leur paupière,
Rien ne sait plus vos noms, pas même une humble pierre
Dans l'étroit cimetière où l'écho nous répond,
Pas même un saule vert qui s'effeuille à l'automne,
Pas même la chanson naïve et monotone
Que chante un mendiant à l'angle d'un vieux pont !

Où sont-ils, les marins sombrés dans les nuits noires ?
Ô flots, que vous avez de lugubres histoires !
Flots profonds, redoutés des mères à genoux !
Vous vous les racontez en montant les marées,
Et c'est ce qui vous fait ces voix désespérées
Que vous avez le soir quand vous venez vers nous !

Saint-Valery-sur-Somme.
Juillet 1836.

Tristan CORBIÈRE

*Aux interrogations du terrien Victor Hugo, Tristan Corbière irrité par la lecture d'*Oceano Nox *oppose une réponse violente : celle d'un marin !*

LA FIN

Eh bien, tous ces marins – matelots, capitaines,
Dans leur grand Océan à jamais engloutis...
Partis insoucieux pour leurs courses lointaines
Sont morts – absolument comme ils étaient partis.

Allons ! c'est leur métier ; ils sont morts dans leurs bottes !
Leur *boujaron*[1] au cœur, tout vifs dans leurs capotes...
– *Morts*... Merci : la *Camarde*[2] a pas le pied marin ;
Qu'elle couche avec vous : c'est votre bonne femme...
– Eux, allons donc : Entiers ! enlevés par la lame !
Ou perdus dans un grain...

Un grain... est-ce la mort ça ? la basse voilure
Battant à travers l'eau ! – Ça se dit *encombrer*...
Un coup de mer plombé, puis la haute mâture
Fouettant les flots ras – et ça se dit *sombrer*.

– Sombrer – Sondez ce mot. Votre *mort* est bien pâle
Et pas grand'chose à bord, sous la lourde rafale...
Pas grand'chose devant le grand sourire amer
Du matelot qui lutte. – Allons donc, de la place ! –
Vieux fantôme éventé, la Mort change de face :
La Mer !...

1. *Boujaron : ration d'eau-de-vie.*

2. *Camarde : la Mort.*

Tristan CORBIÈRE

Noyés ? – Eh allons donc ! Les *noyés* sont d'eau douce.
– Coulés ! corps et biens ! Et, jusqu'au petit mousse,
Le défi dans les yeux, dans les dents le juron !
À l'écume crachant une chique râlée,
Buvant sans hauts-de-cœur la *grand'tasse salée*...
– Comme ils ont bu leur boujaron. –

– Pas de fond de six pieds, ni rats de cimetière :
Eux ils vont aux requins ! L'âme d'un matelot
Au lieu de suinter dans vos pommes de terre,
Respire à chaque flot.

– Voyez à l'horizon se soulever la houle ;
On dirait le ventre amoureux
D'une fille de joie en rut, à moitié soûle...
Ils sont là ! – La houle a du creux. –

– Écoutez, écoutez la tourmente qui beugle !...
C'est leur anniversaire – Il revient bien souvent –
Ô poète, gardez pour vous vos chants d'aveugle ;
– Eux : le *De profundis* que leur corne le vent.

... Qu'ils roulent infinis dans les espaces vierges !...
Qu'ils roulent verts et nus,
Sans clous et sans sapin, sans couvercle, sans cierges...
– Laissez-les donc rouler, *terriens* parvenus !

A bord. – 11 février.

Tristan CORBIÈRE

LETTRE DU MEXIQUE

La Vera-Cruz, 10 février.

« Vous m'avez confié le petit. – Il est mort.
Et plus d'un camarade avec, pauvre cher être.
L'équipage... y en a plus. Il reviendra peut-être
Quelques-uns de nous. – C'est le sort –

« Rien n'est beau comme ça – Matelot – pour un homme ;
Tout le monde en voudrait à terre – C'est bien sûr.
Sans le désagrément. Rien que ça : Voyez comme
Déjà l'apprentissage est dur.

« Je pleure en marquant ça, moi, vieux *Frère-la-côte.*
J'aurais donné ma peau joliment sans façon
Pour vous le renvoyer... Moi, ce n'est pas ma faute :
Ce mal-là n'a pas de raison.

« La fièvre est ici comme Mars en carême.
Au cimetière on va toucher sa ration.
Le zouave a nommé ça – Parisien quand-même –
Le jardin d'acclimatation.

« Consolez-vous. Le monde y crève comme mouches.
... J'ai trouvé dans son sac des souvenirs de cœur :
Un portrait de fille, et deux petites babouches,
Et : marqué – *Cadeau pour ma sœur.* –

« Il fait dire à *maman* : qu'il a fait sa prière.
Au père : qu'il serait mieux mort dans un combat.
Deux anges étaient là sur son heure dernière :
Un matelot. Un vieux soldat. »

Toulon, 24 mai.

Tristan CORBIÈRE

LE MOUSSE

Mousse : il est donc marin, ton père ?...
– Pêcheur. Perdu depuis longtemps.
En découchant d'avec ma mère,
Il a couché dans les brisants...

Maman lui garde au cimetière
Une tombe – et rien dedans –
C'est moi son mari sur la terre,
Pour gagner du pain aux enfants.

Deux petits. – Alors, sur la plage,
Rien n'est revenu du naufrage ?...
– Son garde-pipe et son sabot...

La mère pleure, le dimanche,
Pour repos... Moi : j'ai ma revanche
Quand je serai grand – matelot ! –

Baie des Trépassés.

Jean RICHEPIN

IL ÉTAIT UNE FOIS

Il était une fois jadis
Trois petits gueux sans père et mère.
C'est sur l'air du *de profundis*
Qu'on chante leur histoire amère.

Ils avaient soif, ils avaient faim,
Ne buvaient, ne mangeaient qu'en rêve,
Quand ils arrivèrent enfin
À demi-morts sur une grève.

L'Océan leur dit : – C'est ici
Que va finir votre fringale.
Mangez ! Buvez ! Chantez aussi !
Soyez gais ! C'est moi qui régale. –

Et les trois pauvres goussepains
Qui n'avaient jamais vu de grève,
Ont contemplé des pains, des pains,
Et de l'eau, plus que dans leur rêve.

Sans chercher, sans se déranger,
Ils avaient la table servie,
De quoi boire et de quoi manger
Tout leur soûl et toute leur vie.

Hélas ! les jolis pains mollets
À la croûte ronde et dorée,
C'était le désert des galets
Jaunis par l'or de la soirée.

Jean RICHEPIN

L'eau claire et pure, l'eau sans fin,
C'était l'eau de la plaine amère.
Ils sont morts de soif et de faim,
Les trois petits sans père et mère.

Cette histoire est du temps jadis.
Une vague me l'a narrée
Au rhythme du *de profundis*
Que leur chante encor la marée.

Charles BAUDELAIRE

L'HOMME ET LA MER

Homme libre, toujours tu chériras la mer !
La mer est ton miroir ; tu contemples ton âme
Dans le déroulement infini de sa lame,
Et ton esprit n'est pas un gouffre moins amer.

Tu te plais à plonger au sein de ton image ;
Tu l'embrasses des yeux et des bras, et ton cœur
Se distrait quelquefois de sa propre rumeur
Au bruit de cette plaine indomptable et sauvage.

Vous êtes tous les deux ténébreux et discrets :
Homme, nul n'a sondé le fond de tes abîmes,
Ô mer, nul ne connaît tes richesses intimes
Tant vous êtes jaloux de garder vos secrets !

Et cependant voilà des siècles innombrables
Que vous vous combattez sans pitié ni remords,
Tellement vous aimez le carnage et la mort,
Ô lutteurs éternels, ô frères implacables !

José Maria de HEREDIA

ARMOR

Pour me conduire au Raz, j'avais pris à Trogor
Un berger chevelu comme un ancien Evhage ;
Et nous foulions, humant son arome sauvage,
L'âpre terre kymrique où croît le genêt d'or.

Le couchant rougissait et nous marchions encor,
Lorsque le souffle amer me fouetta le visage,
Et l'homme, par delà le morne paysage,
Étendant un long bras, me dit : *Sell euz ar-mor !*

Et je vis, me dressant sur la bruyère rose,
L'Océan qui, splendide et monstrueux, arrose
Du sel vert de ses eaux les caps de granit noir ;

Et mon cœur savoura, devant l'horizon vide,
Que reculait vers l'ouest l'ombre immense du soir,
L'ivresse de l'espace et du vent intrépide.

LA FONTAINE

LE BERGER ET LA MER

Du rapport d'un troupeau, dont il vivait sans soins,
Se contenta longtemps un voisin d'Amphitrite.
Si sa fortune était petite,
Elle était sûre tout au moins.
À la fin, les trésors déchargés sur la plage
Le tentèrent si bien qu'il vendit son troupeau,
Trafiqua de l'argent, le mit entier sur l'eau,
Cet argent périt par naufrage.
Son maître fut réduit à garder les brebis,
Non plus berger en chef comme il était jadis,
Quand ses propres moutons paissaient sur le rivage :
Celui qui s'était vu Coridon ou Tircis,
Fut Pierrot, et rien davantage.
Au bout de quelque temps il fit quelques profits,
Racheta des bêtes à laine ;
Et comme un jour les vents, retenant leur haleine,
Laissaient paisiblement aborder les vaisseaux :
« Vous voulez de l'argent, ô Mesdames les Eaux !
Dit-il ! adressez-vous, je vous prie, à quelque autre :
Ma foi ! vous n'aurez pas le nôtre. »

Paul FORT

PUISQU'IL FAUT TOUJOURS QUE L'ON PARTE...

La femme est aux varechs, l'homme est à la Guyane, et la petite maison est seule tout le jour.

Seule ? Mais à travers les persiennes vertes, on voit luire dans l'ombre comme une goutte de mer.

Quand le bagne est à l'homme, la mer est à la femme, et la petite maison au chat borgne tout le jour.

Sur la mer blanche de colère, par cette blanche nuit de neige, les barques plongent, aux arpèges de la rafale et de la mer.

Les barques portent leur linceul, où veille seul un falot rouge ; la mer et le ciel, autour d'elles, c'est comme leur tombeau qui bouge.

Et rien ne penserait revivre si la neige ne s'éclairait, par larges ondes de tons ivres, des signes lumineux des grèves.

Un mousse rêve au sol natal, à ses doux soirs l'été passé, sous la corbeille orientale des beaux rayons entre-croisés.

– Puisqu'il faut toujours que l'on parte, pourquoi tant m'adorer, maman ? Plus que pour toi t'aurais d'la peine, si tu savais les choses ainsi : Mort en mer... et en l'adorant.

– Puisqu'il faut toujours que tu partes, qui donc t'aimerait, mon cher fils ? Plus que pour moi j'aurai d'la peine, quand je saurai les choses ainsi : Il est au ciel, je suis ici.

Charles CROS

CHANSON DE LA CÔTE

Voici rentrer l'officier de marine,
Il a de noirs favoris.
Le vent de mer a gonflé sa narine,
Il dit combien de vaisseaux il a pris.

Voici rentrer l'officier de marine,
Il a deux beaux galons d'or.
Il veut surprendre, au logis, Mathurine
Sa femme, son plus précieux trésor.

Voici rentrer l'officier de marine,
Il veut revoir sa maison,
Son lard qui sèche et ses sacs de farine,
Ses pommiers lourds de pommes à foison.

Repars bien vite, officier de marine,
Tes pommiers on a coupé,
Tes sacs vidés, ton lard frit. Mathurine
Avec des gens de terre t'a trompé.

Repars bien vite, officier de marine,
Pour un voyage bien long.
Tes favoris seront blancs, ta narine
Sera ridée au troisième galon.

Jacques PRÉVERT

L'AMIRAL

L'amiral Larima
Larima quoi
la rime à rien
l'amiral Larima
l'amiral Rien.

Robert ARNAUD

LE PIRATE D'ALGER

Les lourdes bottes ont piétiné de la viande
Frais saignée en terreur où du chrétien grimace ; –
La chiourme chante ; –
Le sabre a tailladé du cordage et des faces.
Les couteaux ébréchés aux grandes haches pendent

Aux reins lassés encore d'un rappel de grappin,
Le sang crie en fanfare aux rigoles des dagues ; –
La chiourme chante ; –
Les tués ont plongé dans le mou blanc des vagues,
La felouque a coupé l'étreinte de leurs mains.

Dans le tas des esclaves neufs les bottes sonnent
La gloire des sillons du sabre qui laboure ; –
La chiourme chante ; –
Sous le mât et les voiles grises tonnent
Les mots triomphaux des bonds et des bravoures.

La chair captive est musculeuse et dure
Parmi les pleurs et les prières ; –
La chiourme chante ; –
Le soleil cabriole aux clameurs de capture,
La felouque glisse au creux des vagues de guerre.

Le mât latin gémit sous le croissant de fer,
La mer geint des sanglots sous le long viol des rames ; –
La chiourme chante ; –
Et rougeoie la splendeur de valses d'oriflammes
Vers les requins ventrus du sillage corsaire.

Robert ARNAUD

Le sabre au regard bleu ouvert sur l'infini
Digère ; la felouque a mangé de la force, –
La chiourme chante ; –
La voilure se gonfle en corolle de lys,
Lente la nef cambre les muscles de son torse.

Rafael ALBERTI

Des branchies je voudrais avoir
pour me marier, oui, me marier.
Ma fiancée vit dans la mer
et jamais je ne peux la voir.

Plante, plante, ma fiancée,
dès l'aube, les vallées salines.
Cultive aussi, ma fiancée,
toutes les plaines sous marines !

Jamais je ne pourrai te voir,
jardinière, dans tes jardins,
dans tes blancs jardins du matin !

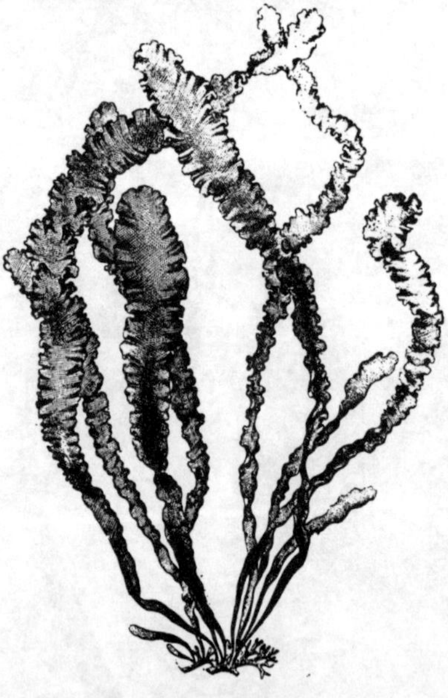

Alexandre LOTADÉ

L'AME DE LA BARQUE

chanson conservée dans les cahiers d'un marin étellois
Alexandre Lotadé

Debout marins mes camarades
Je vais chanter l'âme du bord
Cet ange du ciel s'évade
Pour écarter de nous la mort
Silence enfants que l'on écoute
Comment l'âme un jour me sauva
Que nul ne parle, nul ne doute
L'âme du bord est toujours là.

C'était la nuit loin des rivages
Nous dormions tous insouciants
Pour nous garder des abordages
Notre fanal veillait brillant
Je rêvais à de folles choses
Ma douce glissait dans mes bras
Quand soudain sans cause
Un grand frisson me secoua.

Je m'éveille en un trouble étrange
Ma barque semblait ralinguer
Et j'entends comme une voix d'ange
Du fond de la cale commander
Arrive, arrive, arrive, arrive
J'ai crié de tous mes poumons.

Presque aussitôt un brick énorme
Nous élonge et fuit dans la nuit
Et en passant un de ses hommes
Nous a crié pauvres petits
Notre cœur à tous battait vite
La mort avait passé si près
Oui sans sa barre mis au vent de suite
Le brick en plein nous abordait.

Amis que notre cœur en fête
Chante la providence du bord
Dans les périls dans la tempête
Elle sauva tant de gens d'Arvor
Et quand la nuit ou bien la brume
Vient multiplier les dangers
Prions suivant notre coutume
Méritons d'être protégés.

Refrain
Rêvons, rêvons marins mes frères
Rêvons en paix à nos amours
L'âme du bord rêve à nos jours
C'est un ange tutélaire
Qui sur les flots
Qui sur les flots
Voltige autour
Des matelots.

Groix fo 1505 Nº 505

Partant en mer pour de longs mois, le pêcheur emporte les vêtements qui lui permettront d'affronter un hiver entier. Voici la liste des effets du patron Yvon, de Groix, jeté à la mer en rentrant le foc de la chaloupe Paul et Mélanie. *Un inventaire en forme de poème qui rappelle celui de Prévert.*

PROCÈS-VERBAL D'INVENTAIRE

Aujourd'hui, le quatorze du mois de mai de l'an mil huit cent soixante dix huit, nous André, Nicolas, Jean-Baptiste, Syndic des gens de mer à La Rochelle, nous sommes fait représenter les effets, hardes, etc, qui appartiennent au nommé Yvon, Paul, embarqué en qualité de patron, tombé à la mer et disparu dans la nuit du 13 au 14 mai 1878, inscrit au quartier de Groix fo 1505 Nº 505 ; et ayant fait ouvrir, en présence de l'équipage, l'armoire qui les contenait, nous avons reconnu qu'il existait :

Trois caleçons en futaine bleue
Deux gilets de flanelle blanche
Trois chemises de coton de couleur
Deux pantalons de drap
Deux gilets en drap
Six paires de chaussons

Groix fo 1505 N° 505

Quatre paires de bas de laine
Un paletot en drap noir
Trois chemises en molleton bleu
Un tricot à (...) en laine
Deux vareuses en toile bleue
Deux pantalons de fatigue
Cinq petites cravates noires
Deux cravates en laine
Douze mouchoirs de poche
Un béret
Un chapeau noir
Un chapeau de paille
Une casquette en poil
Un porte-monnaie neuf contenant une chaîne de montre en argent
Un paroissien
Trois livrets de comptes
Une boîte contenant divers objets pour raccommodage
Une boîte renfermant le congé, l'acte de francisation, l'inventaire et divers reçus
Un couteau

Marc Adolphe GUÉGAN

LEURS DERNIERS JOURS

Donc ils n'ont tant passé de nuits sous la Grande Ourse
Dans leurs cirés poisseux couleur de jaune d'œuf
De ce vieux continent jusqu'au continent neuf
Ils n'ont tant navigué – vidant partout leur beurre

Ils n'ont tant consommé des conserves de bœuf
Et bu de l'eau dont la mer même était la source
Ils n'ont tant excité leur navire à la course
Ils n'ont tant profané n'importe où leur corps veuf

Que pour échouer là comme un enfant qui boude
Et dire, le genou replié sous le coude
Les terres de soleil, tandis qu'il pleut et pleut...

Ou pour fixer d'un œil que le flot rendit bleu
Sur le frêle chantier de bois blanc qui l'égaye
Un trois-mâts enfantin captif d'une bouteille.

Raoul PONCHON

MARIS STELLA

Notre-Dame des pêcheurs,
Des voyageurs,
Ora pro nobis.

Notre-Dame de la mer belle,
Cruelle et rebelle,
Ora pro nobis.

Notre-Dame de bon Départ,
Pour quelque part,
Ora pro nobis.

Notre-Dame des mers lointaines,
Des aventureux capitaines,
Ora pro nobis.

Notre-Dame de Bon Secours,
Des voyages au long cours,
Ora pro nobis.

Notre-Dame des blanches voiles,
Et des étoiles,
Ora pro nobis.

Notre-Dame des Eldorados,
Des dorades et des radeaux,
Ora pro nobis.

Notre-Dame des Nébuleuses,
Des pêches miraculeuses,
Ora pro nobis.

Notre-Dame de Messidor,
Des grèves d'or,
Ora pro nobis.

Notre-Dame des fiancées,
Des heureuses traversées,
Ora pro nobis.

Notre-Dame des Sept Douleurs
Notre-Dame des fleurs,
Ora pro nobis.

Notre-Dame de la grâce,
De l'horizon, de l'espace,
Ora pro nobis.

Notre-Dame de Recouvrance,
Qui veille au pays de France,
Ora pro nobis.

Notre-Dame de la Brume,
Du phare qui s'allume,
Ora pro nobis.

Raoul PONCHON

Notre-Dame des beaux rivages,
Des sûrs mouillages,
Ora pro nobis,

Notre-Dame des Ténèbres,
Des Islandes funèbres,
Ora pro nobis.

Notre-Dame de la Mort,
A bâbord, à tribord,
Ora pro nobis.

Notre-Dame de la Clarté,
En la divine Cité,
Ora pro nobis.

SAINT-POL ROUX

PRIÈRE A L'OCÉAN

(extraits)

Océan :

Divinité de houles et de houles sur des gouffres et des gouffres,

Irascible énergie à la voix de cornoc,

Monstre glauque, semblable à quelque énorme gueule de baudroie suivie d'une incommensurable queue de congre,

Masse mouvante avec, pour âme, cette lame sourde jaillissant en lave d'un puits abyssal,

Époux de la Tempête aux griffes de noroît et cheveux de suroît,

Génie double qui souque ta victime entre vent-arrière et vent-debout,

Démon de verre cassant des vaisseaux comme on casse des noix,

Ogre aux dents de récif qui croque des tas d'hommes comme sur la terre nous croquons des pommes,

Nappe d'orgie sur quoi les flottilles sont les friandises, les escadres les gigots,

Insondable estomac où se digèrent les naufrages dont les épaves rares sur les flots figurent les os,

Diaphragme innombrable au muscle soulevé depuis les tréfonds inconnus jusqu'à l'éclair des nues,

Jungle liquide des sautes-de-vent accouplées aux brisants,

Harpagonie de trésors engloutis,

Joute des aventures d'or et des squales d'acier,

Cimetière dansant où les péris se heurtent, l'alliance au doigt,

Farouche pêle-mêle où tout se trouve – sauf un cœur, Océan...

SAINT-POL ROUX

Océan :

Ciel à l'envers,
Hublot de l'enfer,
Quelqu'un de formidable parmi tous les êtres,
Chose la plus grande parmi tant de choses,
Geste le plus vaste d'entre tous les gestes,
Majesté la première au rang des majestés,
Océan,
Catastrophe constante,
Agrégat de tourmentes,
Tragédie sans fin,
Oh fais taire tes orgues barbares du large !
Haut sur sa dune aux immortelles d'or
Un poète te parle !

Abaisse donc tes monts sabaothiques
De l'Iroise et des loins atlantiques,
Calme tes nerfs noués en pieuvres,
Scelle tes chiens-de-mer aux creux du Toulinguet,
Aspire ma présence de tes branchies toutes,
Puis, posant les pieds blancs de ton flux sur la grève,
Accueille en cette oreille qu'est ce coquillage
Les mots qui te descendent sur la brise tendre
Arrivée des vallons de l'Aulne et de l'Elorn !
Dis, mon grand
Si grand qu'il me semble sombrer dans ta barbe d'écume,
Dis, mon grand si grand que me voici néant,
Vaine fourmi près d'un géant,
Dis, mon grand,
J'ose, moi le veilleur à la proue du vieux monde,
T'implorer pour ceux qui labourent ton onde.

SAINT-POL ROUX

Moi je rêve, eux ils font ;
Moi j'espère, eux s'en vont ;
Poète à son corps-mort, pêcheurs larguant l'amarre,
Je bourlingue sur place, eux sur la grande tasse,
En pierre mon navire s'embosse à la Terre,
Leurs sloops et leurs dundees ce furent d'amples arbres.
Or ce bois sur ton eau, lorsque ton corps se meut,
Mieux vaudrait bien souvent le placer sur le feu.
Dès lors voudrais-tu pas, mon grand, être moins grand ?
Moins grand non pas comme abîme et surface,
Car ainsi tu perdrais ta personne et ta face
Et l'on se vanterait peut-être, nous demain,
De te loger un jour dans le creux de la main.
Mais moins grand par ta rage qui mord leur étrave,
Afin de devenir plus grand d'autre manière,
Celle qui veut un cœur au sein de la matière !
Oui, si grand dans le bon et non plus dans le pire
Que ta masse ne fût qu'un immense sourire ? (...)

Doublant sainte Rocamadour
Et l'esplanade de la Tour
Aux galets ronds comme des coiffes,
Vois l'aile rouge hors du nid
Par Tas de Pois ou Pierres Noires
Vers Irlande ou Mauritanie,

Renvoie nos gâs avec le pain
Et la chanson du lendemain.
La barque est belle fille
Du flèche à la quille.
Épargne-lui lame de fond,
Courants pervers, écueil profond.

Mets douce brise dans ses joues
Pour qu'elle taille sur des roues
Avec des rires sur le pont.

Renvoie nos gâs avec le pain
Et le baiser du lendemain.

Qu'ils nous reviennent, le vivier
Plein de trouvailles du casier.
Et puis, dedans les sillons bleus
De ton jardin miraculeux
Avec le geste pour le blé
Laisse-les semer leurs filets
En vue des mobiles moissons,
Que sont les bancs de tes poissons.

Renvoie nos gâs avec le pain
Et les enfants du lendemain.
(...)

Mon cœur, renvoie nos frères dimanche ou lundi,
Mardi, mercredi, jeudi, vendredi,
Si ce n'est samedi,
La cale pleine de poissons dorés du Paradis !

Aux pêcheurs de Camaret, Camaret, 14 août 1927.

Romance anonyme

Une « romance » écrite à bord du dundee Grande Barque, *et retrouvée dans le cahier fané d'un matelot d'Etel, entre d'autres chansons populaires des années 1900, nous fait vivre une marée désastreuse en compagnie d'un équipage de pêcheurs à la drague.*

Le vent souffle en tourmente et pourtant il fait noir
La neige tombe, il est douze heures du soir.
Depuis trente heures nous n'avions pu sommeiller
Nous allions maintenant enfin nous reposer,
Excepté les deux hommes de quart qui toujours veillent,
Veillent, pendant qu'à leur tour les autres sommeillent
Tout à coup les cris ont retenti sur (le) pont :
Debout !! Debout !! le train est retenu au fond !!!
Larguez donc le palan ! vite décrochez le croc...
Amenez la trinquette ! Et puis rentrez le foc...
On court, on court partout. On bord' la brigantine
Qui défrappe sur cette violent' bise marine.
Cette manœuvre faite, le vaillant équipage
Descend, prend les cirés, remonte avec courage
Sur le pont où l'on lutte pour déraper le train
Un travail qui pourra durer jusqu'au matin,
À travers la neige, dont le front est couvert
Et ces glaces sur le dos avec l'eau de la mer...
Et leurs mains de géants quoique souvent blessées
Crochent sans hésiter les manivelles glacées.
Qu'importe, ils virent, ils virent, le faible comme le fort
Ah qu'ils seront contents si le train vient à bord !!!

On entend dans la brise les soupirs du patron :
Il verse de vraies larmes peut-être, le brave garçon,
En voyant le gros câble, sur la mer agitée,
Dévirer sur le treuil, jetant de la fumée...

Romance anonyme

Et mon Dieu qu'est-ce que c'est pour lui que ce grand poids
Il sue, lui, le patron, qui porte ce lourd poids !...
Pendant que les larmes et sueurs tombent sur le pont
Car il n'a pas le temps de s'essuyer le front
Et que fouettent les embruns poussés par la tempête
Que de noires pensées passent dans cette tête...
Oui, je le sais, patron. Ces choses-là sont rudes
Comme toi j'en ai fait rudement les études
Tu vires, tu bisques, tu te manges le sang
Car c'est bien une perte de plus de mille francs
Tu crois voir l'armateur disant d'un œil sévère :
« Comment donc, malheureux, as-tu fait ton affaire ? »
Car hélas ! Que l'on soit capable et de bonne conduite
On ne vaut rien de bon sans la vraie réussite.

Et pourtant, il se trouve au large de Rochebonne
Plus d'une carcasse et d'une tête bretonne
« Je crois, dit une voix, que notre bateau cule
Y a du vent dans la voile et dans le tape-cul
Souque ! Souque ! garçon ; nous voilà dérapés
Non c'est encore tenu ! Les débris ont glissé
Hardi le voilà qui vient ! oui, voilà qu'il glisse encore
Souque ! Souque, nous l'aurons peut-être avant l'aurore »
Le train arrive enfin, rangé le long du bord.
Mais voilà qu'en prenant les candelettes de bâbord
L'on aperçoit à la lueur d'un tremblant fanal
Comme l'on s'en doutait « Malheur et sort fatal,
Dit une voix, la drague est avariée »
« Et la perche dit l'autre est encore brisée ! »
Pas de chance, bon sang, il faut aller à terre !
Voilà notre peine perdue après tant de misère
Faisons route, garçons, vers le port le plus près
Vers La Rochelle sans doute réparer nos agrès.

Romance anonyme

Là nous trouverons tout en faisant notre ouvrage
Les lettres des familles de tout l'équipage.
C'est ainsi que nous sommes plus d'une fois l'hiver
Sur notre frêle bateau entre le ciel et la mer
Parfois tous bien en peine, parfois bien contents
Tourmentés par la mer, agités par le vent
Pourtant on est heureux en gagnant quelques sous
Pour faire vivre ceux qui nous aiment et pensent à nous
Espérant dans l'angoisse le retour en Bretagne
Des braves survivants de ces rudes campagnes.

Jacques PRÉVERT

LA PÊCHE À LA BALEINE

A la pêche à la baleine, à la pêche à la baleine,
Disait le père d'une voix courroucée
A son fils Prosper, sous l'armoire allongé,
A la pêche à la baleine, à la pêche à la baleine,
Tu ne veux pas aller,
Et pourquoi donc ?
Et pourquoi donc que j'irais pêcher une bête
Qui ne m'a rien fait, papa,
Va la pêpé, va la pêcher toi-même,
Puisque ça te plaît,
J'aime mieux rester à la maison avec ma pauvre mère
Et le cousin Gaston.
Alors dans sa baleinière le père tout seul s'en est allé
Sur la mer démontée...
Voilà le père sur la mer,
Voilà le fils à la maison,
Voilà la baleine en colère,
Et voilà le cousin Gaston qui renverse la soupière,
La soupière au bouillon.
La mer était mauvaise,
La soupe était bonne.
Et voilà sur sa chaise Prosper qui se désole :
A la pêche à la baleine, je ne suis pas allé,
Et pourquoi donc que j'y ai pas été ?
Peut-être qu'on l'aurait attrapée,
Alors j'aurais pu en manger.
Mais voilà la porte qui s'ouvre, et ruisselant d'eau
Le père apparaît hors d'haleine,
Tenant la baleine sur son dos.
Il jette l'animal sur la table, une belle baleine aux yeux bleus,

Une bête comme on en voit peu,
Et dit d'une voix lamentable :
Dépêchez-vous de la dépecer,
J'ai faim, j'ai soif, je veux manger.
Mais voilà Prosper qui se lève,
Regardant son père dans le blanc des yeux,
Dans le blanc des yeux bleus de son père,
Bleus comme ceux de la baleine aux yeux bleus :
Et pourquoi donc je dépècerais une pauvre bête qui m'a rien fait ?
Tant pis, j'abandonne ma part.
Puis il jette le couteau par terre,
Mais la baleine s'en empare, et se précipitant sur le père
Elle le transperce de père en part.
Ah, ah, dit le cousin Gaston,
On me rappelle la chasse, la chasse aux papillons.
Et voilà
Voilà Prosper qui prépare les faire-part,
La mère qui prend le deuil de son pauvre mari
Et la baleine, la larme à l'œil contemplant le foyer détruit.
Soudain elle s'écrie :
Et pourquoi donc j'ai tué ce pauvre imbécile,
Maintenant les autres vont me pourchasser en motogodille
Et puis ils vont exterminer toute ma petite famille.
Alors, éclatant d'un rire inquiétant,
Elle se dirige vers la porte et dit
A la veuve en passant :
Madame, si quelqu'un vient me demander,
Soyez aimable et répondez :
La baleine est sortie,
Asseyez-vous,
Attendez là,
Dans une quinzaine d'années, sans doute elle reviendra...

Paul FORT

LES BALEINES

Du temps qu'on allait encore aux baleines,
si loin qu'ça faisait, mat'lot, pleurer nos belles,
y avait sur chaque route un Jésus en Croix,
y avaient des marquis couverts de dentelles,
y avait la Sainte Vierge et y avait le Roi !

Du temps qu'on allait encore aux baleines,
si loin qu'ça faisait, mat'lot, pleurer nos belles,
y avaient des marins qui avaient la foi,
et des grands seigneurs qui crachaient sur elle,
y avait la Sainte Vierge et y avait le Roi !

Eh bien, à présent, tout le monde est content,
c'est pas pour dire, mat'lot, mais on est content !...
Y a plus d'grands seigneurs ni d'Jésus qui tiennent,
y a l'président, et y a plus d'baleines.

Raymond QUENEAU

MARINE

Les poissons ont de si jolies têtes
qu'on est obligé de les déplacer fréquemment
à cause des ravages qu'ils font dans le cœur des méduses
Les cœurs de méduse ravagés vont s'échouer dans les ports
sous forme de pétroliers ou de charbonniers
Les méduses elles-mêmes ne sont jamais repêchées
un nouveau cœur leur pousse bien plus grand que le premier
bien plus beau et bien plus vert et bien plus dur
car les méduses ne veulent plus aimer les poissons aux nageoires coupantes et aux ouïes blanches
elles ne veulent plus aimer que le centre de gravité de chaque chose
dans le ciel et sur la terre
Les requins eux ne s'ennuient pas
avec de la toile à matelas
ils fabriquent de jolis draps
pour les noyés astucieux
qui sont accourus vers eux
en mâchant de la verveine
pour se parfumer les veines
non les requins ne s'ennuient pas
ils ont aussi de jolies têtes
pour ravager le cœur des méduses inquiètes

YAN' DARGENT

Abel BONNARD

LES DAUPHINS

Comme les chiens, autour des maîtres fortunés,
Nous sommes les dauphins gais, mâles, forcenés.
Si gros, nous sommes vifs comme des hirondelles.
Nous sommes les héros bénins, libres, fidèles,
Salubres, valeureux, insouciants, virils,
Et notre coup de queue assomme les périls.
Nous sommes les joueurs ivres d'eau : l'allégresse,
C'est de mêler la Corse et l'Espagne et la Grèce,
Et d'être, dans la mer où se perdent les vœux,
Comme un peigne, tordant la masse des cheveux.
Une joie enfantine est dans notre puissance.
Nous régnons, pleins de paix, de force et d'innocence
Dans les golfes unis que seuls nous dégrafons ;
Nous nous ruons, pareils à des taureaux profonds.
Nous poussons dans la vague un triomphe d'écume.
Le matin rit ; midi, massif comme une enclume,
Étouffe l'air ; mais nous, épais bétail des eaux,
Nous brisons leur fraîcheur alerte à nos museaux.
Le soir, quand le soleil éloigne ses fournaises,
Nous dansons, témoignant que nous sommes bien aises.

Jules SUPERVIELLE

LES POISSONS

Mémoire des poissons dans les criques profondes,
Que puis-je faire ici de vos lents souvenirs,
Je ne sais rien de vous qu'un peu d'écume et d'ombre
Et qu'un jour, comme moi, il vous faudra mourir.

Alors que venez-vous interroger mes rêves
Comme si je pouvais vous être de secours ?
Allez en mer, laissez-moi sur ma terre sèche
Nous ne sommes pas faits pour mélanger nos jours.

Francis PONGE

PLAT DE POISSONS FRITS

Goût, vue, ouïe, odorat... c'est instantané :

Lorsque le poisson de mer cuit à l'huile s'entrouvre, un jour de soleil sur la nappe, et que les grandes épées qu'il comporte sont prêtes à joncher le sol, que la peau se détache comme la pellicule impressionnable parfois de la plaque exagérément révélée (mais tout ici est beaucoup plus savoureux), ou (comment pourrions-nous dire encore ?)... Non, c'est trop bon ! Ça fait comme une boulette élastique, un caramel de peau de poisson bien grillée au fond de la poêle...

Goût, vue, ouïes, odaurades : cet instant safrané...

C'est alors, au moment qu'on s'apprête à déguster les filets encore vierges, oui ! Sète alors que la haute fenêtre s'ouvre, que la voilure claque et que le pont du petit navire penche vertigineusement sur les flots,

Tandis qu'un petit phare de vin doré – qui se tient bien vertical sur la nappe – luit à notre portée.

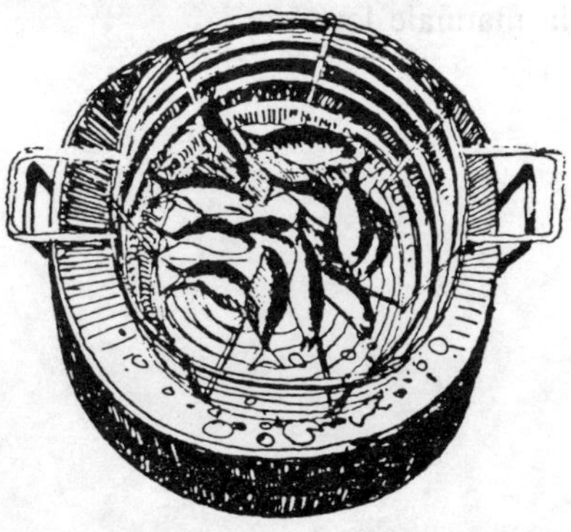

René CHAR

LE REQUIN ET LA MOUETTE

Je vois enfin la mer dans sa triple harmonie, la mer qui tranche de son croissant la dynastie des douleurs absurdes, la grande volière sauvage, la mer crédule comme un liseron.

Quand je dis : *j'ai levé la loi, j'ai franchi la morale, j'ai maillé le cœur,* ce n'est pas pour me donner raison devant ce pèse-néant dont la rumeur étend sa palme au-delà de ma persuasion. Mais rien de ce qui m'a vu vivre et agir jusqu'ici n'est témoin alentour. Mon épaule peut bien sommeiller, ma jeunesse accourir. C'est de cela seul qu'il faut tirer richesse immédiate et opérante. Ainsi, il y a un jour de pur dans l'année, un jour qui creuse sa galerie merveilleuse dans l'écume de la mer, un jour qui monte aux yeux pour couronner midi. Hier la noblesse était déserte, le rameau était distant de ses bourgeons. Le requin et la mouette ne communiquaient pas.

Ô Vous, arc-en-ciel de ce rivage polisseur, approchez le navire de son espérance. Faites que toute fin supposée soit une neuve innocence, un fiévreux en avant pour ceux qui trébuchent dans la matinale lourdeur.

Jacques PRÉVERT

LE GARDIEN DU PHARE AIME TROP LES OISEAUX

Des oiseaux par milliers volent vers les feux
par milliers ils tombent par milliers ils se cognent
par milliers aveuglés par milliers assommés
par milliers ils meurent

Le gardien ne peut supporter des choses pareilles
les oiseaux il les aime trop
alors il dit Tant pis je m'en fous !

Et il éteint tout

Au loin un cargo fait naufrage
un cargo venant des îles
un cargo chargé d'oiseaux
des milliers d'oiseaux des îles
des milliers d'oiseaux noyés.

Raymond QUENEAU

BUCCIN

Dans sa coquille vivant
le mollusque ne parlait pas
facilement à l'homme
mort il raconte maintenant
toute la mer à l'oreille de l'enfant
qui s'en étonne
qui s'en étonne

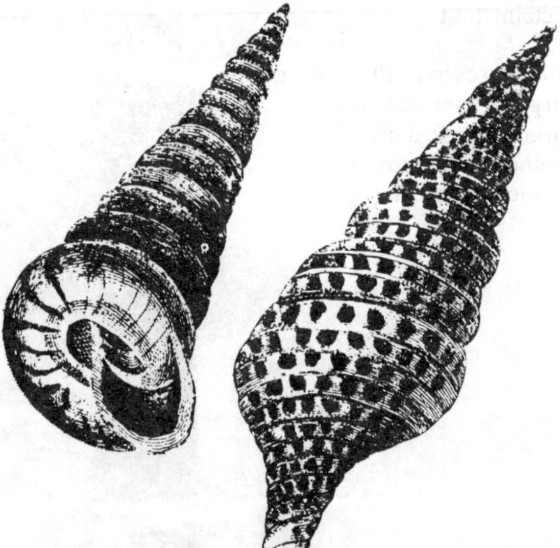

BARBEY D'AUREVILLY

LE VIEUX GOÉLAND

C'était un fier oiseau, farouche et solitaire,
Au bec crochu d'or pâle, aux pieds d'ambre, à l'œil clair,
Arraché tout vivant au rocher, son repaire,
Aux flots verts, à la nue, aux brisants, au grand air.
Ils l'avaient pris dans un de ces jours de tempête
Où Satan, sur les mers, déchaîne son sabbat...
Un harpon lui cassa l'aile au lieu de la tête ;
Eux ils en firent un forçat.

Dans le fond d'une cour aux quatre angles de pierre,
Ils l'avaient interné, ce sauvage reclus,
Qui restait toujours l'œil rentré sous sa paupière,
Comme un rêveur qui songe à ce qu'il ne voit plus.
Oh ! lui qui, quand la mer se creusait en abîmes,
Se plongeait dans sa courbe et remontait au jour,
Comme il a dû souffrir, ce fils des pics sublimes,
Des pierres plates de sa cour !

Comme il a dû souffrir sur la dalle poudreuse
Où son pied se séchait, encor trempé d'éther !
Comme il a dû souffrir de cette vie affreuse
Faite d'ennui du ciel et d'ennui de la mer !
Que je l'ai vu de fois, hérissé dans sa plume,
Le blême oiseau, – fait pierre aussi par la douleur !
Son aile grise était comme un manteau de brume
Pendant sur sa morne blancheur...

BARBEY D'AUREVILLY

Il se tenait rigide en cette cour déserte ;
Mais, lorsque par hasard quelqu'un la traversait,
Alors les yeux ouverts, bec ouvert, aile ouverte,
Vers le passant l'oiseau tout à coup s'en courait.
De son gosier sortait un cri strident et rauque,
Le cri sifflant du vent dans les agrès mouillés,
Et, fixant ce passant d'un œil féroce et glauque,
Il voulait lui percer les pieds.

Et si c'étaient les pieds de quelque jeune fille ?
De ces pieds élégants, au souple brodequin,
Qui, sveltes et cambrés, moulés à la cheville,
Font craquer en marchant l'agaçant maroquin,
Alors... Oh ! c'est alors que, plus féroce encore,
Le cruel se jetait sur ces pieds enivrants,
Comme si ces deux pieds divins, que l'homme adore,
Étaient l'horreur des Goélands.

Que t'avaient-ils donc fait, ces pauvres pieds de femme,
Pour te mettre en fureur rien qu'à les voir passer ?...
Que te rappelaient-ils ?... Le branle de la lame
Sur laquelle autrefois tu pouvais te bercer ?
Mutilé du harpon, aux rancunes cruelles,
Tombé des airs, tombé des pics, tombé des mâts.
Ils te narguaient, ces pieds, – tu les croyais des ailes...
Goéland, tu ne rêvais pas.

BARBEY D'AUREVILLY

Ô mon vieux Goéland, ce n'était pas un rêve,
Le rêve d'un captif que rend fou la douleur.
Vieux pirate échoué sur cette horrible grève,
Ces pieds, – ces pieds charmants qui passaient, – ces pieds d'Eve,
Que l'on prend dans sa main et qu'on met sur son cœur,
Mais qui n'y restent pas, légers, prompts, infidèles,
Faits pour nous fuir après être venus à nous,
Ô mon vieux Goéland, c'étaient bien là des ailes.
Et toi, – tu t'en sentais jaloux.

José Maria de HEREDIA

LES CONQUÉRANTS

Comme un vol de gerfauts hors du charnier natal,
Fatigués de porter leurs misères hautaines,
De Palos, de Moguer, routiers et capitaines,
Partaient, ivres d'un rêve héroïque et brutal.

Ils allaient conquérir le fabuleux métal
Que Cipango mûrit dans ses mines lointaines,
Et les vents alizés inclinaient leurs antennes
Aux bords mystérieux du monde Occidental.

Chaque soir, espérant des lendemains épiques,
L'azur phosphorescent de la mer des Tropiques
Enchantait leur sommeil d'un mirage doré ;

Ou penchés à l'avant des blanches caravelles,
Ils regardaient monter en un ciel ignoré
Du fond de l'Océan des étoiles nouvelles.

Yann NIBOR

LES ALBATROS

Au cap Horn, par un grand coup d' vent,
On saillait malgré nous d' l'avant.

La frégate, avec son p'tit foc,
Attrapait ses trois nœuds au loch,

Quand l' patron du canot-major
Hissé sous les palans d' bâbord,

En rentrant d' venir l'amarrer,
Par un paquet d' mer fut enl'vé.

L'homm' de boué' coupit aussitôt
L' bout d' filin qui la t'nait en haut,

Et la grand' boué' dans' l'eau tombit
Près du nageur qui l'empoignit.

L' cap'tain' fit mett' la barr' dessous,
Haler bas l'foc sitôt l'vent d'bout,

Mais d'vant c't' ouragan infernal,
Fit d'mander vite à l'amiral,

S'i' fallait armer un canot
Pour sauver l'homm' qu'était à l'eau.

L'amiral voyant c' mauvais temps,
Répondit tout d' suite en montant :

« Non. Trop d' vent ! Trop d' mer ! Trop d'embrun !
« Ça s'rait noyer quinze homm's pour un.

« Allez, rehissez-moi vot' foc
« Et, en route, aussitôt à bloc. »

Le fait est qu'il avait raison :
Yavait des lam's comm' des maisons,

Qui nous prenaient par le travers
Et balayaient tout à la mer.

Bientôt la tempêt' nous r'poussit,
Et du pauv' bougre on s'éloignit,

Tandis qu' lui, su' a boué', perché,
Faisait sign' qu'on aill' le chercher.

Mais d'vant c' maudit temps fallait fuir
Et c'est pas nous aut's qu'i' vit v'nir !

Non, mais c' fut d' gros albatros blancs
Qu'avaient soif de chair fraîche et d' sang.

Comm' de loin en loin on l' voyait
Seul contre eux tous qui s' débattait,

L'amiral dit : « Quel est l' calfat
« Qu'a coupé la boué' de c' temps-là ? »

Puis il ajoutit : « Timonier !
« Fait's moi vit' monter l'aumônier ! »

L'aumônier n' fut pas long à v'nir.
Avec tout c' qu'i' faut pour bénir,

I' nous dit, face au pauv' mourant,
La prièr' des agonisants !

Or, pendant qu' les vieux frèr's pleuraient,
Les sal's goinf's, là-bas, s'empiffraient !

Et, quand ces vorac's fur'nt repus
Quand du pauv' bougre i' n' restit pus,

Su' la boué', qu' sa pauv' carcass' d'os,
Alors tout' cett' band' d'albatros

Dans les gros nuag's noirs s'envolit,
L' cœur gai d'avoir le ventre empli !

Mon mat'lot, les sal's albatros,
I's n' lui ont rien laissé qu' les os !

Quand su' la mer ya des gros flots,
Terriens, plaignez les pauv's mat'lots !

Pablo NERUDA

Quand la vague a frappé sur la roche indocile
qu'éclate la clarté en instaurant sa rose
le cercle de la mer s'amasse en une grappe
et pend en une seule goutte de sel bleu.

Oh radieux magnolia délié dans l'écume,
voyageur magnétique et fleuri dans la mort,
dans l'éternel retour de l'être et du non-être :
sel brisé, éblouissant mouvement marin.

Mon amour, tous les deux, nous scellons le silence,
la mer a beau ruiner ses statues incessantes
et renverser ses tours de folie, de blancheur,

nous, dans la trame de cette étoffe invisible
que font l'eau emballée et le sable éternel,
nous maintenons la tendresse unique et traquée.

Valery LARBAUD

OCÉAN INDIEN

Oh, la nuit d'été tropical !
Des atolls d'étincellements émergeant d'abîmes bleuâtres !
Le Crucero flamboyant !
Oh, m'étendre sur le pont d'un grand navire
En route vers l'Insulinde,
Nu, et béer à l'infini béant sur moi.
(Mon cœur d'enfant abandonné, ô cher malade,
Mon cœur serait content de ta main à presser,
Dans cette ombre en feu des nuits
Éblouissantes où je voudrais pouvoir m'envoler.)
Sur les navires d'autrefois, tout pavoisés,
Dont la poupe était un palais aux cents fenêtres dorées,
Et que surmontait un Himalaya de toiles,
On n'avait pas, ininterrompue, cette palpitation des étoiles,
Cette vision de la Création, immensément
Silencieuse – sur la tête, tout déroulé, le firmament.
Je désire un matin de printemps, un peu grisâtre, dans la chambre d'hôtel,
La fenêtre ouverte en coin sur la rue de Noailles, à l'air frais,
Et voir là-bas (cinq heures, pas encore de tramways)
Le calme Vieux Port et les bateaux du Château d'If.

Max JACOB

POÈME

Quand le bateau fut arrivé aux îles de l'océan Indien, on s'aperçut qu'on n'avait pas de cartes. Il fallut descendre ! Ce fut alors qu'on connut qui était à bord : il y avait cet homme sanguinaire qui donne du tabac à sa femme et le lui reprend. Les îles étaient semées partout. En haut de la falaise, on aperçut de petits nègres avec des chapeaux melon : « Ils auront peut-être des cartes ! » Nous prîmes le chemin de la falaise : c'était une échelle de corde ; le long de l'échelle, il y avait peut-être des cartes ! des cartes même japonaises ! nous montions toujours. Enfin, quand il n'y eut plus d'échelons (des cancres en ivoire, quelque part), il fallut monter avec le poignet. Mon frère l'Africain s'en acquitta très bien, quant à moi, je découvris des échelons où il n'y en avait pas. Arrivés en haut, nous sommes sur un mur ; mon frère saute. Moi, je suis à la fenêtre ! jamais je ne pourrai me décider à sauter : c'est un mur de planches rouges : « Fais le tour », me crie mon frère l'Africain. Il n'y a plus ni étages, ni passagers, ni bateau, ni petit nègre ; il y a le tour qu'il faut faire. Quel tour ? c'est décourageant.

Casimir DELAVIGNE

TROIS JOURS DE CHRISTOPHE COLOMB

« En Europe ! en Europe ! – Espérez ! – Plus d'espoir !
– Trois jours, leur dit Colomb, et je vous donne un monde. »
Et son doigt le montrait, et son œil, pour le voir,
Perçait de l'horizon l'immensité profonde ;
Il marche, et des trois jours le premier jour a lui ;
Il marche, et l'horizon recule devant lui ;
Il marche, et le jour baisse. Avec l'azur de l'onde
L'azur d'un ciel sans borne à ses yeux se confond.
Il marche, il marche encore, et toujours ; et la sonde
Plonge et replonge en vain dans une mer sans fond.

Le pilote en silence, appuyé tristement
Sur la barre, qui crie au milieu des ténèbres,
Écoute du roulis le sourd gémissement
Et des mâts fatigués les craquements funèbres.
Les astres de l'Europe ont disparu des cieux ;
L'ardente Croix du Sud épouvante ses yeux.
Enfin l'aube attendue, et trop lente à paraître,
Blanchit le pavillon de sa douce clarté ;
« Colomb, voici le jour ! le jour vient de renaître !
Le jour ! et que vois-tu ? – Je vois l'immensité... »

Le second jour a fui. Que fait Colomb ? Il dort,
La fatigue l'accable, et dans l'ombre on conspire...
« Périra-t-il ? Aux voix : – la mort ! – la mort ! – la mort !
Qu'il triomphe demain, ou, parjure, il expire. »
Les ingrats ! quoi ! demain il aura pour tombeau
Les mers où son audace ouvre un chemin nouveau,
Et peut-être demain leurs flots impitoyables,

Casimir DELAVIGNE

Le poussant vers ces bords que cherchait son regard,
Les lui feront toucher, en roulant sur les sables
L'aventurier Colomb, grand homme un jour plus tard !...

Soudain du haut des mâts descendit une voix :
« Terre ! s'écriait-on, terre ! terre !... » Il s'éveille,
Il court. Oui la voilà ! c'est elle tu la vois !
La terre !... Ô doux spectacle ! ô transport ! ô merveille !
Ô généreux sanglots qu'il ne peut retenir !
Que dira Ferdinand, l'Europe, l'avenir !
Il la donne à son roi, cette terre féconde ;
Son roi va le pays des maux qu'il a soufferts :
Des trésors, des honneurs en échange d'un monde.
Un trône, ah ! c'était peu !... Que reçut-il ? Des fers !

Valery LARBAUD

UN MINUIT EN MER

(extraits)

Un minuit en mer comme il y en a tant :
Le Cunarder au bruit doux sur la mer sans lune.
Il ferait chaud, n'était ce vent.
Le bruit de la vague la plus voisine : un éclaboussement ;
Et l'autre vague un peu plus loin : une aspersion ;
Et l'autre encore : un grondement lointain ;
Et l'autre, se retournant, fait « Chut ! »
Et toutes les vagues de la mer longtemps murmurent.
Les salons sont pleins de lumière sous les ponts,
Et pleins de Messieurs en noir et de Dames en robes basses.
Savoure, ô faible cœur, l'angoisse de cette heure.
Ne songe plus qu'à ton enfance. Quoi, tu pleures ?
Non, non, ne pleure pas : écoute les tziganes
Qui jouent dans la restauration, à l'arrière...
Le poète est debout auprès de sa compagne
Étendue sur un divan, sous des fourrures, à l'avant,
« Un ange, une jeune Espagnole » qui par instants,
Pensant à lui, lui dit à mi-voix :
« Mein Liebling ! »
Et de nouveau le bruit indifférent des vagues.
Tiens, un éclair !
Mais non ; ce n'est pas possible ; il fait beau temps...
Et toujours le vent et le bruit des flots sans fin...
Encore un ! Là, là-bas, regarde !

C'est toujours dans ce même coin du ciel.
Ça passe comme une faux sur des avoines.
Tiens, encore ;

Valery LARBAUD

Ça dure une seconde à peine. On dirait
Que cela tourne.
Là : il passe !...
J'ai vu le feu tourner ; le phare, comme un dément
Tourne sa tête flamboyante dans la nuit, géant derviche,
Et, dans son vertige de lumière,
Il éclaire la route de campagne, la haie en fleur, la chaumière,
Et le bicycliste attardé, et la voiture du médecin sur la lande,
Et les abîmes déserts où le paquebot fait route.
J'ai vu le feu tourner, et je me tais.
Demain matin, les gens du salon, montant sur le pont
Où le vent piquera leurs joues et leurs yeux froids,
Crieront : « La Terre ! »
Et s'extasieront dans leurs cache-nez.

Europe, c'est donc toi, je te surprends de nuit.
Je vous retrouve dans votre lit parfumé, ô mes amours !
J'ai vu la première et la plus avancée
De tes milliards de lumières.
Là, dans ce petit coin de terre, tout rongé
De l'Océan qui embrasse d'immenses îles
Dans les mille replis de ses gouffres inconnus,
Là, sont les nations civilisées,
Avec leurs capitales énormes, si lumineuses, la nuit,
Que même au-dessus des jardins leur ciel est rose.
Les banlieues se prolongent dans les prairies teigneuses,
Les réverbères éclairent les routes au delà des portes ;
Les trains illuminés glissent dans les tranchées ;
D'un rouge éclatant, en sorte
Que les dames sont toutes des petits Chaperons-Rouges.

1905.

Paul MORAND

DÉPRESSION SUR L'ATLANTIQUE

Qu'elle est douce la route d'Amérique,
même défoncée,
avec ses cavités de 18 mètres,
et ses édredons percés par où sort la plume des vagues.
Pentes sans fertilité aucune, collines aqueuses, déboisées de mâts,
où toute route internationale, pour le moment, est effacée.
Notre sillage fait derrière nous une rue étrange
sur une eau gonflée de toutes parts
par la crue de fleuves invisibles.
Trajet éclair
entre la petite église du Havre, enluminée par un gaz gothique,
et le magnésium juif de Broadway.
Entre l'une et l'autre, il ne faut plus deux mois
avec des matelots qui voltigent sur les vergues et jouent de la harpe sur les cordages,
mais moins de six jours, les yeux sur le manomètre, à enfourner du charbon dans cette locomotive.

. . . .

Vivre sur un paquebot qui ne prendrait jamais la mer.
Quelque chose comme la flotte espagnole.
Un paquebot de terre ferme.
une coque d'acier prise dans l'asphalte où il y aurait à la fois
une partie de baccara,
un bal masqué,
des larmes, des vomissements, du caviar, des orchidées, des treuils, des serpentins, des
algues, des émigrants,
et une vraie forge

et des canots de sauvetage au-dessus du vide, pour faire l'amour sous les étoiles.
Quel temps ! Un sommeil *réparateur !* Vous n'avez jamais connu ça, vous ?
L'Aubusson est au plafond
et on marche sur les lustres.
Après Terre-Neuve, spectre à masque de brouillard,
c'est New York.
Aucun sauvage coiffé de plumes rouges et bleues
avec une corne d'abondance pleine d'ananas et d'améthystes
ne m'attend sur la plage.
Des fonctionnaires. Des affiches qui tiennent tout ce qu'elles promettent,
car ici
la colle colle, la peinture tient, les allumettes prennent, les égouts ne crèvent jamais,
le téléphone répond.
Personne ne dit plus merde et tout le monde dit *OK*, ou encore : merci.
C'est toujours la querelle des classiques et des romantiques.
Débarquez-moi.
Classez-moi naturellement parmi les denrées périssables.
Oui, je m'engage à ne pas ébranler les institutions américaines.
Je suis de la dynamite mouillée.

Arthur RIMBAUD

MARINE

Les chars d'argent et de cuivre –
Les proues d'acier et d'argent –
Battent l'écume, –
Soulèvent les souches des ronces.
Les courants de la lande,
Et les ornières immenses du reflux,
Filent circulairement vers l'est,
Vers les piliers de la forêt, –
Vers les fûts de la jetée,
Dont l'angle est heurté par des tourbillons de lumière.

Jean TARDIEU

LE VOYAGE

Un navire longtemps captif qui de nouveau passe de la terre à la mer entre les madriers pleins de sollicitude.

des cheminées qui glissent en avant des maisons des prairies des arbres qui bougent, majestueux et doux comme un fleuve

une surprise pour les regards encore brouillés de larmes où revient peu à peu la vie, une joie acide et dure qui monte aux gencives, le battement de cœur de l'amour enfin promis le matin des noces.

Vers la côte la plus voisine – de l'autre côté du chenal, vers la côte la plus lointaine – de l'autre côté de la terre

la route

ah dites encore tout bas ce seul mot je n'y crois pas, vous avez bien dit la route

la route va traverser l'épaisseur du monde et l'obstacle vainement accumulé des heures.

Nous vous entendrons, tintamarres de toutes les rades, répercutés dans nos têtes encore vides et sonores de convalescents,

nous vous verrons bleuir, premiers rayons tombés sur le front de la terre qui se lève et commence une longue journée,

nous flotterons unis et indociles comme autant d'embarcations qui couvrent le golfe un après-midi de fête

à travers les vitres brisées sur toute la surface de la mer par le bombardement du soleil.

Ah que pourtant, du haut des buildings illuminés sur les récifs du temps,

jamais ne s'endorment les veilleurs et que la fête reste grave

et que la réalité sous les marteaux durcisse et que les nuages de la folie et de la mort

s'évanouissent dans la clarté des yeux qui regardent l'étendue.

(1944)

Nazim HIKMET

VOYAGE À BARCELONE SUR LE BATEAU DE YOUSOUF L'INFORTUNÉ

En prison, sur la pierre de la fontaine
Yousouf l'Infortuné a dessiné son bateau.
Un prisonnier qui boit à la fontaine
Regarde la proue effilée du bateau
Glisser sur des mers sans murs.

Près de la fontaine un arbre tout blanc
Un prunier.

Ouvre encore une voile, Yousouf l'Infortuné
Attire vers toi le port où tu vas
Et arrache une branche au prunier
Pour que les pigeons de la prison suivent ton sillage.

Prends-moi aussi Yousouf
Sur ton bateau.
Mon bagage n'est pas lourd :
Un livre, un cahier et une photo.

Allons-nous-en, frère, allons-nous-en
Le monde vaut la peine d'être vu.

La mer s'est calmée
Rougeurs dans le ciel
C'est l'aurore
La nuit qui nous semblait infinie
Est finie.
Voici devant nous la Barcelone du Frente Popular

Nazim HIKMET

Fini notre voyage
Amenez les voiles, l'ancre à la mer !
Les pigeons qui suivaient notre sillage
s'en retournent dire aux copains
que nous sommes arrivés à bon port.

Et Yousouf, envoyant un juron magnifique
Aux fers et aux murs de là-bas
Agite vers la ville qui nous fait face
Sa branche fleurie de prunier.
Mon regard va de lui à Barcelone :
Et sur la ville, là-bas, tout au fond
Je vois des flammes se tordre
là-bas je vois côte à côte
Lénine, Bakounine, Robespierre
et le paysan Mehmet qui gît à Doumloupinar...

C'est ainsi que Yousouf et moi
Passagers d'un bateau
Né de la fontaine d'une prison
Nous avons vu à Barcelone dans l'aurore
La liberté se battre en chair et en os
Nous l'avons regardée les yeux en flammes
Et comme la peau brune et chaude d'une femme
De nos mains d'hommes affamés
Nous avons touché la Liberté.

Jules SUPERVIELLE

PAQUEBOT

L'Atlantique est là qui, de toutes parts, s'est généralisé depuis
quinze jours,
avec son sel et son odeur vieille comme le monde,
qui couve, marque les choses du bord,
s'allonge dans la chambre de chauffe, rôde dans la soute au
charbon,
enveloppe ce bruit de forge, s'annexe sa flamme si terrestre,
entre dans toutes les cabines,
monte au fumoir, se mêlant aux jeux de cartes,
se faufilant entre chaque carte,
si bien que tout le navire,
et même les lettres qui sont dans les enveloppes cinq fois
cachetées de rouge au fond des sacs postaux,
tout baigne dans une buée, dans une confirmation marine,
comme ce petit oiseau des îles dans sa cage des îles.

La voici la face de l'Atlantique dans cette grande pièce carrée
si fière de ses angles en pleine mer,
ce salon où tout feint l'aplomb et l'air solidement attaché

Alphonse de LAMARTINE

SOUVENIR

À la princesse d'Orange

Il creusait dans la mer son sillage d'écume,
Le navire grondant qui respire le feu ;
Nous suivions cette côte où le Vésuve fume :
Les cyprès étaient noirs, l'eau verte, le ciel bleu.

Une vague enjouée, en poursuivant la poupe,
Des perles de la mer aspergeait le bateau,
Comme le buis bénit qu'on trempe dans la coupe
Sur le front des passants jette le sel et l'eau.

La nuit d'été, semblable à l'éternelle aurore,
Nous regardait d'en haut avec ses milliers d'yeux ;
Les étoiles, les fleurs que minuit fait éclore,
Naissaient sous notre doigt dans les jardins des cieux.

Le vaste pont roulait, charmant berceau de femmes ;
On voyait pour dormir leur front se renverser,
Quand, sous leurs coudes blancs, le lit des grandes lames
S'enflait et se creusait, comme pour les bercer.

Le vent sonore et chaud qui soufflait des rivages,
Invisible contact de l'invisible amant,
Écartait les cheveux de ces pâles visages,
Que la lune baisait du haut du firmament.

Les unes retenaient leurs muettes haleines ;
Les autres, par des chants, cherchaient à s'assoupir ;
Les plus jeunes pleuraient d'ivresse, urnes trop pleines
Où la tendresse écume et déborde en soupir.

Alphonse de LAMARTINE

Parmi ce blond essaim de figures pensives,
Mes yeux en suivaient une, accoudée à l'écart,
Dont le front se marbrait de pâleurs fugitives,
Qui sondait plus d'espace et d'éther d'un regard.

L'extase contenue abaissait ses paupières
Sur ses yeux inondés de sa félicité ;
Ses lèvres semblaient dire au Dieu de ses prières :
« Ah ! fais-moi de cette heure une immortalité ! »

Et moi, ce qui gravait ces nuits dans ma mémoire,
Ce n'était pas l'odeur du vent de ces climats,
Les astres, les cyprès, les flots d'or et de moire,
Les groupes de beautés jouant au pied des mâts ;

C'était ce front pensif, et ce regard sans flamme,
Plus profond que l'abîme, hélas ! et plus amer,
Et ce léger soupir qui soulevait une âme
Pure comme le ciel, grande comme la mer !

Jules SUPERVIELLE

Comme un bœuf bavant au labour
le navire s'enfonce dans l'eau pénible,
la vague palpe durement la proue de fer,
éprouve sa force, s'accroche, puis
déchirée,
s'écarte,
à l'arrière la blessure blanche et bruissante,
déchiquetée par les hélices,
s'étire multipliée
et se referme au loin dans le désert houleux
où l'horizon allonge
ses fines, fines lèvres de sphinx.
Les deux cheminées veillant dans un bavardage de fumée,
le paquebot depuis dix jours,
avance vers un horizon monocorde
qui coïncide sans bavures
avec les horizons précédents
et vibre d'un son identique
au choc de mon regard qui se sépare de moi,
comme un goéland, du rivage.

Ô mer qui ne puise en soi que ressemblances,
et qui pourtant de toutes parts
s'essaie aux métamorphoses,
et vaine, accablée par sa lourdeur prolifère,
se refoule, de crête en crête, jusqu'au couperet du ciel,
mer renaissante et contradictoire,
présence fixe où hier tomba un mousse
détaché d'un cordage comme par un coup de fusil,
présence dure qui, la nuit,
par delà les lumières du bord et la musique cristalline,
et les sourires des femmes,
et tout le navire, rêves et bastingage,

vous tire par les pieds
à six mille mètres de silence
où l'eau rejoint une terre aveugle pour toujours
dans un calme lisse et lacustre, sans murmures ;
Ô mer, qui fait le tour du large,
coureur infatigable,
quelle nouvelle clame-t-elle
dans l'atmosphère avide où ne pousse plus rien,
– pas une escale, pas un palmier, pas une voile, –
comme après une déracinante canonnade ?

Décembre 1919.

André PIEYRE DE MANDIARGUES

MIDI

Au bord de la mer Tyrrhénienne
Au pied d'une tour en ruine
Sous la rousse lumière de midi
Trois amis se sont assis
Qui devisent de choses vagues
De simples choses qu'il est doux d'agiter entre amis.

Voyez ce vaisseau génois
Tout blanc dans le feu de midi
Qui fuit à toutes voiles vers le large
Et vers l'éclat de l'Orient rose.

Le vaisseau disparaît à l'autre bout du monde
Le ciel est pur l'heure est comble
Et les amis font silence
Unis dans une quiète nostalgie.

Qu'est-ce donc qui est venu qui ne reviendra plus
Qui est le secret d'un instant perdu
Quelle ombre a passé soudain
Comme un épervier fauve
Dans la lumière dorée de midi
Sur la mer calme et sur une belle journée ?

Jules LAFORGUE

LE VAISSEAU FANTÔME

Il était un petit navire
Où Ugolin mena ses fils,
Sous prétexte, le vieux vampire !
De les fair' voyager gratis.

Au bout de cinq à six semaines,
Les vivres vinrent à manquer,
Il dit : « Vous mettez pas en peine ;
« Mes fils n'm' ont jamais dégoûté ! »

On tira z'à la courte paille,
Formalité ! raffinement !
Car cet homme, il n'avait d'entrailles
Qu'pour en calmer les tiraill'ments,

Et donc, stoïque et légendaire,
Ugolin mangea ses enfants,
Afin d'leur conserver un père...
Oh, quand j'y song', mon cœur se fend !

Si cette histoire vous embête,
C'est que vous êtes un sans-cœur !
Ah, j'ai du cœur par d'ssus la tête,
Oh ! rien partout que rir's moqueurs !...

Antonin ARTAUD

LE NAVIRE MYSTIQUE

Il se sera perdu le navire archaïque
Aux mers où baigneront mes rêves éperdus
Et ses immenses mâts se seront confondus
Dans les brouillards d'un ciel de Bible et de Cantiques.

Un air jouera mais non d'antiques bucoliques
Mystérieusement parmi les arbres nus
Et le navire parti n'aura jamais vendu
La très rare denrée aux pays exotiques

Il ne sait pas les feux des havres de la terre
Il ne connaît que Dieu, et sans fin, solitaire,
Il sépare les flots glorieux de l'Infini

Le bout de son beaupré plonge dans le Mystère
Aux pointes de ses mâts tremble toutes les nuits
L'Argent mystique et pur de l'étoile polaire.

Alfred de VIGNY

LA SÉRIEUSE

(fragments)

Qu'elle était belle, ma Frégate,
Lorsqu'elle voguait dans le vent !
Elle avait, au soleil levant,
Toutes les couleurs de l'agate ;
Ses voiles luisaient, le matin,
Comme des ballons de satin ;
Sa quille mince, longue et plate,
Portait deux bandes d'écarlate
Sur vingt-quatre canons cachés ;
Ses mâts, en arrière penchés,
Paraissaient à demi couchés.
Dix fois plus vive qu'un pirate,
En cent jours du Havre à Surate
Elle nous emporta souvent.
– Qu'elle était belle, ma Frégate,
Lorsqu'elle voguait dans le vent !

Quand la belle « Sérieuse »
Pour l'Égypte appareilla,
Sa figure gracieuse
Avant le jour s'éveilla ;
À la lueur des étoiles
Elle déploya ses voiles,
Leurs cordages et leurs toiles,
Comme de larges réseaux,
Avec ce long bruit qui tremble,
Qui se prolonge et ressemble
Au bruit des ailes qu'ensemble
Ouvre une troupe d'oiseaux.

Alfred de VIGNY

Dès que l'ancre dégagée
Revient par son câble à bord,
La proue alors est changée,
Selon l'aiguille et le Nord.
La « Sérieuse » l'observe,
Elle passe la réserve,
Et puis marche de conserve
Avec le grand « Orient » :
Sa voilure toute blanche
Comme un sein gonflé se penche ;
Chaque mât, comme une branche,
Touche la vague en pliant.

Avec sa démarche leste,
Elle glisse et prend le vent,
Laisse à l'arrière l'« Alceste »
Et marche seule à l'avant.
Par son pavillon conduite,
L'escadre n'est à sa suite
Que lorsque, arrêtant sa fuite,
Elle veut l'attendre enfin :
Mais, de bons marins pourvue,
Aussitôt qu'elle est en vue,
Par sa manœuvre imprévue,
Elle part comme un dauphin.

Comme un dauphin elle saute,
Elle plonge comme lui
Dans la mer profonde et haute,
Où le feu Saint-Elme a lui.
Le feu serpente avec grâce ;
Du gouvernail qu'il embrasse

Alfred de VIGNY

Il marque longtemps la trace,
Et l'on dirait un éclair
Qui, n'ayant pu nous atteindre,
Dans les vagues va s'éteindre,
Mais ne cesse de les teindre
Du prisme enflammé de l'air.

Ainsi qu'une forêt sombre
La flotte venait après,
Et de loin s'étendait l'ombre
De ses immenses agrès.
En voyant le « Spartiate »,
Le « Franklin » et sa frégate,
Le bleu, le blanc, l'écarlate
De cent mâts nationaux,
L'armée, en convoi, remise
Comme en garde à l'« Artémise »,
Nous nous dîmes : « C'est Venise
Qui s'avance sur les eaux. »

Quel plaisir d'aller si vite,
Et de voir son pavillon,
Loin des terres qu'il évite,
Tracer un noble sillon !
Au large on voit mieux le Monde
Et sa tête énorme et ronde,
Qui se balance et qui gronde
Comme éprouvant un affront,
Parce que l'homme se joue
De sa force, et que la proue,
Ainsi qu'une lourde roue,
Fend sa route sur son front.

Alfred de VIGNY

Quel plaisir ! et quel spectacle
Que l'élément triste et froid
Ouvert ainsi sans obstacle
Par un bois de chêne étroit !
Sur la plaine humide et sombre,
La nuit, reluisaient dans l'ombre
Des insectes en grand nombre,
De merveilleux vermisseaux,
Troupe brillante et frivole
Comme un feu follet qui vole,
Ornant chaque banderole
Et chaque mât des vaisseaux.

Et surtout la « Sérieuse »
Etait belle nuit et jour ;
La mer, douce et curieuse,
La portait avec amour,
Comme un vieux lion abaisse
Sa longue crinière épaisse,
Et, sans l'agiter, y laisse
Se jouer le lionceau ;
Comme sur sa tête agile
Une femme tient l'argile,
Ou le jonc souple et fragile
D'un mystérieux berceau.

Philippe JACCOTTET

PORTOVENERE

La mer est de nouveau obscure. Tu comprends,
c'est la dernière nuit. Mais qui vais-je appelant ?
Hors l'écho, je ne parle à personne, à personne.
Où s'écroulent les rocs, la mer est noire, et tonne
dans sa cloche de pluie. Une chauve-souris
cogne aux barreaux de l'air d'un vol comme surpris,
tous ces jours sont perdus, déchirés par ses ailes
noires, la majesté de ces eaux trop fidèles
me laisse froid, puisque je ne parle toujours
ni à toi, ni à rien. Qu'ils sombrent, ces « beaux jours » !
Je pars, je continue à vieillir, peu m'importe,
sur qui s'en va la mer saura claquer la porte.

Paul VERLAINE

MARINE

L'océan sonore
Palpite sous l'œil
De la lune en deuil
Et palpite encore,

Tandis qu'un éclair
Brutal et sinistre
Fend le ciel de bistre
D'un long zigzag clair,

Et que chaque lame
En bonds convulsifs
Le long des récifs
Va, vient, luit et clame,

Et qu'au firmament,
Où l'ouragan erre,
Rugit le tonnerre
Formidablement.

Roger DEVIGNE

ODEUR MARINE

J'ai dans l'âme une odeur marine.

Odeur de large, odeur de plage, odeur de ports,
De vieux ports goudronneux et saurs où la marée
Délaye lentement l'ombre des grands navires...

Odeur des goémons aux capsules dorées,
Chevelures d'ambre, algues que je sens encor
Glisser, vivantes, sur ma bouche et ma mémoire ;

Coquillages gravés au long des promontoires,
Beau souvenir qui sent la mer et le soleil,
Les grands chemins marins et les syrtes profondes ;
Ô les chemins qui ne sont pas toujours pareils
Et qui s'en vont vers l'autre bout du monde !

J'ai, dans l'âme, une odeur marine.

Je porte au fond de moi cette odeur de la mer,
Cette odeur de ciel libre et d'eau sur les falaises,
Comme un sachet, comme un secret magique et cher...

Je porte au fond de moi cette odeur de la mer
Comme le souvenir des pays et des rêves
Pour lesquels mon destin n'appareillera plus.

Mon destin, à jamais banal et révolu,
– Ah ! l'amarre d'un seul bateau qui tire et vire
Au long du quai désert, sur son anneau de fer ! –

Roger DEVIGNE

J'ai dans l'âme une odeur marine.
Pêcheurs aux masques salés et vous, filles
Aux seins pointus et durs sous le caraco bleu,
Mousses qui sommeillez sur le rebord du môle,
Vieux à pipes tassés sous un mur écailleux
Destin contre destin, épaule contre épaule,
Ô voyageurs qui pouvez voir toutes les mers !
Et vous, barques, avec vos mâts et vos cordages,
Qui découpent en carrés d'or
Le ciel, le ciel cruel et divin des voyages,
M'attendez-vous ? et dans quel port ?

Et quelle voile, pour moi seul enfin tendue,
Emportera vers l'aventure et vers la mer
Mon âme à tout jamais contumax et perdue...

Paul ÉLUARD

MARINES

À Alberto Giacometti.

I

Je me suis pris à caresser
La mer qui hume les orages.

II

Ma bouche au ras des flots buveuse de paroles
Prenant l'or au soleil sur un chemin d'or chaud
Comme foule pressée entraînée exaltée
Les vagues les étés dans cet arbre ajouré
Dans cet arbre accessible aux couleurs et aux hommes
Leur azur leur ciel pur le mélange des eaux
Leur dentelle et la flamme du matin désert
Deux vallées trois sommets s'unissent font la chaîne
L'océan qui me mène a le destin du ciel
Et la vague initiale amenuise un nuage.

III

Miroir ouvert sur ces oiseaux uniques
Qui tremblent d'aise à chaque goutte d'eau.

IV

L'herbe grande d'océan
Sur les sables assoupis

La fleur de fille marine
Les astres vierges en fête

Midi blanc dans les fonds noirs
Et dans le filet l'hiver

L'injure jetée au vent
À la vague du tombeau.

V

Tout au plus un navire
Tout au plus un navire à demi englouti

Comme un poignard dans sa blessure
Connaît encore l'ombre

Tout au plus un radeau
La mort simple
Et la mer est plus vide qu'un ivrogne pauvre.

VI

Dernière vague ivresse de vieillard
Les solubles coteaux et la lune risible
N'ont trouvé dans mon cœur qu'un espace restreint
Et la mer dans le ciel n'est qu'une goutte d'eau.

VII

C'est la pierre pâle au front des plus forts
Sous la terre humide et les feuilles mortes

Paul ÉLUARD

Tous feux éteints dans les régions de l'ignorance

Sous les ongles de la rouille

Nous ne savons rien de la terre
L'homme n'a pas besoin de nous
Son ciel n'est plus le nôtre

Tout nous paraît immobile
L'œil et le cœur de nos semblables
La lumière et ses géants
La profondeur et ses nains
La mort sans corps capitale

Le scandale de la tempête

Sauvés que notre poids s'élève
Comme la source à son premier éclair
Que notre forme soit sereine

La nuit se baigne dans les puits

Le risque de mourir s'annule
Comme deux des chiffres zéro
Une mousse de bluets
A blanchi jusqu'à la corde
La grand'voile de couleur.

Paul FORT

LA MER

La mer brille
comme une coquille ;
on a envie de la pêcher.

La mer est verte,
la mer est grise,
elle est d'azur,
elle est d'argent et de dentelle.

GUILLEVIC

LA VAGUE

Pour se faufiler
Dans l'étroit canal
Qui menait au port avant les bassins,

Elles se pressaient, tes vagues,
Lors de la marée,
Elles se bousculaient.

Elles avaient besoin
Que l'interminable
Soit fini pour elles.

Pierre de MARBEUF

Et la mer et l'amour ont l'amour pour partage,
Et la mer est amère, et l'amour est amer,
L'on s'abîme en l'amour aussi bien qu'en la mer,
Car la mer et l'amour ne sont point sans orage.

Celui qui craint les eaux qu'il demeure au rivage,
Celui qui craint les maux qu'on souffre pour aimer,
Qu'il ne se laisse pas à l'amour enflammer,
Et tous deux ils seront sans hasard de naufrage.

La mère de l'amour eut la mer pour berceau,
Le feu sort de l'amour, sa mère sort de l'eau,
Mais l'eau contre ce feu ne peut fournir des armes.

Si l'eau pouvait éteindre un brasier amoureux,
Ton amour qui me brûle est si fort douloureux,
Que j'eusse éteint son feu de la mer de mes larmes.

Federico GARCIA LORCA

LA BALLADE DE L'EAU DE MER

A Emilio Prados
(chasseur de nuages)

La mer
Sourit au loin
Dents d'écume
Lèvres de ciel.

– Que vends-tu, ô fille trouble,
Poitrine découverte ?

– Ce que je vends, c'est l'eau
De la mer.

– Que portes-tu, garçon noir,
A quoi ton sang se mêle ?

– Ce que je porte, c'est l'eau
De la mer.

– Dis, ces larmes salées,
D'où viennent-elles, mère ?

– Ce que je pleure, c'est l'eau
De la mer.

– Mon cœur, et cette amertume
Profonde, d'où naît-elle ?

– Bien amers nous rend l'eau
De la mer !

La mer
Sourit au loin.
Dents d'écume
Lèvres de ciel.

1920.

LIEDER DE LA MER QUI S'ENNUIE

Dès qu'il fait noir la mer s'ennuie
secoue son sac d'herbes séchées
remue son eau toute la nuit
Elle a beau faire et chuchoter
le soleil restera couché
Ce poème étant métaphore
je m'y compare à l'océan
Mon soleil mon chaud mon aurore
c'est la douce que j'aime tant
et la nuit qui m'ennuie si fort
c'est son absence et mon tourment
ma vacance et ma marée basse
mon calme plat et mon temps mort
ma grise mine et guerre lasse
triste comme au milieu du port
le mazout d'un bateau qui a franchi la passe

Ce poème étant métaphore
je m'y compare à l'océan
Mais il ne veut rien entendre
et refuse (hautain) toute comparaison
Il est beau il est sel il est vent il est bleu
il est immense et fou il est avide et tout

Moi je suis Claude Roy simplement Claude Roy.

DON DU VASE ROND

Bois ! Je te donne ce vase rond comme la lune.
Et quand tu seras au milieu tu verras monter de la tasse la mer.
Et à chaque coup elle entrera dans ton gosier avec ses eaux et l'on voit des voiles au loin !
Et quand fléchissant sur tes genoux tu humeras les dernières gouttes,
La montagne recourbée qui dépasse le bord avec ses neiges atteint le milieu de ton front.
Et je ne dis point le breuvage, mais il sera pour ton cœur comme les ténèbres de la forêt.
Prends-la à deux mains, car étant profonde elle est pleine.
Prends-la, te dis-je ! prends-la ! prends ! prends !

1893

Guillaume APOLLINAIRE

OCÉAN DE TERRE

A G. de Chirico

J'ai bâti une maison au milieu de l'Océan
Ses fenêtres sont les fleuves qui s'écoulent de mes yeux
Des poulpes grouillent partout où se tiennent les murailles
Entendez battre leur triple cœur et leur bec cogner aux vitres
Maison humide
Maison ardente
Saison rapide
Saison qui chante
Les avions pondent des œufs
Attention on va jeter l'ancre
Attention à l'encre que l'on jette
Il serait bon que vous vinssiez du ciel
Le chèvrefeuille du ciel grimpe
Les poulpes terrestres palpitent
Et puis nous sommes tant et tant à être nos propres fossoyeurs
Pâles poulpes des vagues crayeuses ô poulpes aux becs pâles
Autour de la maison il y a cet océan que tu connais
Et qui ne repose jamais

Paul VERLAINE

SAGESSE

extrait XV

La mer est plus belle
Que les cathédrales,
Nourrice fidèle,
Berceuse de râles,
La mer sur qui prie
La Vierge Marie !

Elle a tous les dons
Terribles et doux.
J'entends ses pardons
Gronder ses courroux...
Cette immensité
N'a rien d'entêté.

Oh ! si patiente,
Même quand méchante !
Un souffle ami hante
La vague, et nous chante :
« Vous sans espérance,
Mourez sans souffrance ! »

Et puis sous les cieux
Qui s'y rient plus clairs,
Elle a des airs bleus,
Roses, gris et verts...
Plus belle que tous,
Meilleure que nous !

Bournemouth, 77.

Anatole LE BRAZ

LA LÉGENDE DE LA MORT CHEZ LES BRETONS ARMORICAINS

La « Bag-Noz »
(La Barque fantôme)

Toutes les fois qu'il doit se produire quelque sinistre dans les parages de l'Ile de Sein, l'on voit apparaître un bateau-fantôme, tantôt incliné sur les eaux sombres, la pointe de son « gui » trempant dans la vague, tantôt dessiné en silhouette indécise sur le fond orageux du ciel.

On le désigne sous le nom de « bag-noz » (barque de nuit) parce que c'est surtout à la tombée de la nuit qu'on le voit soudain surgir, sans qu'on puisse dire de quelle direction il vient, ni quelle route il fait. Car il s'évanouit tout à coup, au moment où on le regarde, pour se montrer, l'instant d'après, sur un autre point de l'horizon. Il vogue, toute voile dehors, avec un pavillon noir en berne.
Les barques de l'île l'ont souvent croisé, quand elles rentraient du large, aux premiers signes avant-coureurs du mauvais temps. Quelques-unes même ont essayé de l'accoster, pensant que c'était quelque bateau en détresse, d'autant que son équipage – qui doit être nombreux – ne cesse de crier et d'appeler, comme pour demander du secours, avec des voix suppliantes, des voix tristes à fendre l'âme. Mais, sitôt qu'on faisait mine d'approcher, la vision s'effaçait, et les voix elles-mêmes devenaient si lointaines qu'on ne savait plus si c'était dans les profondeurs de la mer ou dans les profondeurs du ciel qu'on les entendait hurler.

On raconte cependant qu'une nuit, un pilote de l'île parvint à serrer le bateau-fantôme d'assez près pour constater qu'il n'y avait personne à bord, sauf, sur l'arrière, l'homme de barre. Le pilote héla cet homme :

– Puis-je quelque chose pour vous et désirez-vous que je vous remorque ?

Au lieu de répondre, l'homme fit jouer le gouvernail et le bateau disparut.

Si le pilote avait eu la présence d'esprit de dire : « Resquiescant in pace », il aurait sauvé toute cette batelée de marins défunts.

Yann NIBOR

LES SAUVETEURS

Hou ! Souffle-t-i', c' maudit vent d' nord !
En fait-i', ce soir, du vacarme,
Pendant qu'on prépare et qu'on arme
Rond'ment, l' canot d' sauv'tage du port.
Dans tout's nos ru's, les ardois's volent
Comm' des milliers d' petits moineaux,
Et, là-bas, c'est comm' de vrais ch'vaux,
Qu' nos pêcheurs qui rentr'nt caracolent.

L' sémaphor' vient d' nous signaler
Un brick qu'est en détresse au large.
Heureus'ment qu' chacun d' nous s'en charge,
Et n' caponn' pas pour y aller.
Dégringolez vit' par tribord,
Si vous voulez la parer belle !
— *« Mais, patron, j' somm' un' ribambelle,*
« J' pourrons jamais t'nir à ton bord...
« Est-c' qu'on peut s' risquer d'dans, cap'taine ?
— *« Oui, bougr', et mêm' dépêchez-vous...*
« C't' égal, démâter près d' chez nous,
« Et fair' côt', c'est jouer d' la déveine ! »

Entassez-vous là, sous les bancs,
Comm' vous pourrez. Embarquez vite,
Pendant qu' vot' carcass' nous abrite ;
Arrimez-vous comm' des harengs !
Cap'tain', v'nez derrièr', près d' la barre,
Ya cor un bout d' plac' pour s'asseoir.
V'là l' brick qui s'ouvre, allez, bonsoir !
Hiss' les voil's, d'rivons et dar'dare !...

Yann NIBOR

Hein ! en r'çoit-on des paquets d' mer !
Attention !... Encore !... Allez, mouille !...
Chacun d' nous est comme un' grenouille,
L' croupion dans l'eau et l' bec à l'air...
V'là l' feu du môl' tout d' mêm' qu'approche,
C'est heureux qu'on ait l' vent pour nous,
Car, avec vent d'bout et le r'mous,
On s'rait sur de racler quèqu' roche.

Hou ! hou ! hou ! Souff', va, nous les t'nons !
J' somm's chargés, mais j'avons tout l' monde.
Va, maudit vent, tempête et gronde ;
Tant mieux, bougre, si nous t' gênons.
V'là l' quai, brigadier, jett' l'amarre !
Allons, à terre, halez viv'ment !
Et vous aut's sautez lestement !...
Voyons, les femm's, de la plac', gare !

– *« Patron, j' viens vous complimenter. »*
Bah ! Ya pas b'soin, m'sieu l' commissaire...
Allons, mes homm's, v'nez boire un verre
Pour tâcher d' vous ravigoter.
Puis rentrez ensuit' vous étendre
Près d' vos bourgeois's ; mais, nom de nom !
Ralliez-moi vite au coup d' canon,
Si cett' nuit vous v'nez à l'entendre.

Nos avirons sont bons, nos voiles
Tienn' aussi solid'ment qu' nos mâts.
Allons faire une tourné', les gas,
Sous l' feu des phar' et des étoiles !

Yann NIBOR

Hou ! hou ! hou ! Grimpons dans l' bateau.
Allez ! cap'lons not' bonn' ceinture,
Et louvoyons à l'aventure,
Sans la frouss' de risquer not' peau.
Nous v'là partis !... Bord'-moi l'écoute,
Pour que j' doubl' le môl' ; bon ! Maint'nant,
Tâch' de n' pas pioncer à l'avant,
Tandis qu' j'allons fair' de la route...

. . . .

. . . .

V'là deux heur's qu'on s' crève à chercher...
Mais, est-c' que v'là pas, sous la lune,
Notre animal qu'est sans mâts d'hune,
Tout près, su' la point' du rocher ?
– *« Oui, patron, mêm' la mer le drosse*
Rud'ment dessus, i' n' f'ra pas long feu ! »
Fil' l'écout' que j' l'accoste un peu.
Ho ! du brick, abraquez not' bosse !

Jules SUPERVIELLE

NAUFRAGE

Une table tout près, une lampe très loin
Qui dans l'air irrité ne peuvent se rejoindre,
Et jusqu'à l'horizon une plage déserte.
« Un homme à la mer lève un bras, crie : « Au secours !
Et l'écho lui répond : « Qu'entendez-vous par là ? »

Tristan CORBIÈRE

LE NAUFRAGEUR

Si ce n'était pas vrai – Que je crève !

. . . .

J'ai vu dans mes yeux, dans mon rêve,
La NOTRE-DAME DES BRISANS
Qui jetait à ses pauvres gens
Un gros navire sur leur grève...
Sur la grève des Kerlouans
Aussi goélands que les goélands.

Le sort est dans l'eau : le cormoran nage,
Le vent bat en côte, et c'est le *Mois Noir*...
Oh ! moi je sens bien de loin le naufrage !
Moi j'entends là-haut chasser le nuage !
Moi je vois profond dans la nuit, sans voir !

Moi je siffle quand la mer gronde,
Oiseau de malheur à poil roux !...
J'ai promis aux douaniers de ronde,
Leur part, pour rester dans leurs trous...
Que je sois seul ! – oiseau d'épave
Sur les brisans que la mer lave...

. . . .

Oiseau de malheur à poil roux !

– Et qu'il vente la peau du diable !
Je sens ça déjà sous ma peau.
La mer moutonne !... Ho, mon troupeau !
– C'est moi le berger, sur le sable...

L'enfer fait l'amour. – Je ris comme un mort –
Sautez sous le *Hû !*... le *Hû* des rafales,
Sur les *noirs taureaux sourds, blanches cavales !*
Votre écume à moi, *cavales d'Armor !*
Et vos crins au vent !... – Je ris comme un mort –

Mon père était un vieux *saltin,*
Ma mère une vieille *morgate...*
Une nuit, sonna le tocsin :
– Vite à la côte : une frégate ! –
... Et dans la nuit, jusqu'au matin,
Ils ont tout rincé la frégate...

– Mais il dort mort le vieux *saltin,*
Et morte la vieille *morgate...*
Là-haut, dans le paradis saint,
Ils n'ont plus besoin de frégate.

Banc de Kerlouan. – Novembre.

Charles PÉGUY

L'ÉPAVE

Un regret plus mouvant que la vague marine
A roulé sur ce cœur envahi jusqu'au bord.
Un jour plus solennel que le jour de la mort
S'est levé sur le foc et sur la brigantine.

Un espoir plus étroit que la voile latine
Portera-t-il jamais jusqu'au recreux du port,
Fera-t-il pénétrer jusqu'au secret du sort
La nef aux bois courbés coupés sur la colline.

Quand le juste pilote a déserté le nord,
Hommes laisserons-nous cette main enfantine
Saisir le gouvernail et redresser le tort.

Quand le vieux capitaine est tombé de son fort,
Laisserons-nous la voix apparemment mutine
Commander par tribord, et bâbord, et sabord.

Raymond QUENEAU

Je n'ai donc pu rêver que de fausses manœuvres,
vaisseau que des hasards menaient de port en port,
de havre en havre et de la naissance à la mort,
sans connaître le fret ignorant de leur œuvre.

Marins et passagers et navire qui tangue
et ce je qui débute ont même expression,
une charte-partie ou la démolition,
mais sur ce pont se livrent des combats exsangues.

Voici : le capitaine a regardé les nuages
qui démolissaient l'horizon,
il descend dans la cale où déjà du naufrage
se profile l'inclinaison.

Voici : les rats se sauvent
et plus d'un prisonnier trouve sa délivrance.
La coquille a viré pour courir d'autres chances,
et voici : l'on innove.

Que disent les marins ? ils grimpent aux cordages
en sacrant comme des loups,
ils ont passé la ligne affublés en sauvages,
voulant encor faire les fous.

Voici : ce navire entre dans d'autres eaux,
d'autres mers où les orages
n'ont pas détruit le balisage,
et voici : les marins ont fermé leurs couteaux.

Voici : ce ne sont plus vers de faux rivages
que nous appareillons.
La vie est un songe, dit-on,
mais deux c'est trop pour mon âge.

Victor HUGO

La source tombait du rocher
Goutte à goutte à la mer affreuse.
L'Océan, fatal au nocher,
Lui dit : « Que me veux-tu, pleureuse ?

« Je suis la tempête et l'effroi ;
« Je finis où le ciel commence.
« Est-ce que j'ai besoin de toi,
« Petite, moi qui suis l'immense ? »

La source dit au gouffre amer :
« Je te donne, sans bruit ni gloire,
« Ce qui te manque, ô vaste mer !
« Une goutte d'eau qu'on peut boire. »

RIVAGES

On voit des figures pâles
près des maisons anciennes
un soldat d'autrefois
une femme empruntée
qui marche à ses côtés
par un jour sans visage
tout près d'eux
l'océan se retire
laissant le coquillage strié
ébréché près du galet gris
une voiture emplie de varech
rentre avec la nuit fidèle à l'exilé
qui porte en sautoir sa jumelle marine.

Federico GARCIA LORCA

ROMANCE SOMNAMBULE

(*fragment*)

Vert, que je t'aime, vert.
Vent vert. Vertes branches.
La barque sur la mer
et le cheval dans la montagne.
L'ombre à la ceinture
elle rêve sur son balcon,
chair verte, verte chevelure,
avec des yeux d'argent froid.
Vert, que je t'aime, vert.
Sous la lune gitane
les cloches la regardent
et elle ne peut les regarder.

Vert, que je t'aime, vert.
De grandes étoiles de givre
viennent avec le poisson d'ombre
qui ouvre le chemin de l'aube.
Le figuier frotte son vent
avec le rugueux de ses branches,
et le mont, chat sournois,
hérisse ses aigres agaves.
Mais qui viendra ? et par où ?...
Elle reste sur son balcon,
chair verte, verte chevelure,
rêvant en la mer amère.

Marc Adolphe GUÉGAN

LES THONIERS

Au bord des quais se couchent, vides, les canots
Chaque barque gisante a l'air d'une coquille
Avec de grands pinceaux goudronnés on maquille
Les thoniers. Des chaluts sèchent sur leurs panneaux

Le soleil fait briller le métal des anneaux
Le port est sec. Et les thoniers montrent leur quille
Chacun sur chaque bord aidé d'une béquille
Reste droit dans la vase aux multiples canaux.

C'est dimanche. Les moussaillons, de joyeux drilles
La tête au vent, les pieds vifs dans leurs espadrilles
Vont boire ensemble le café noirci de marc

Que leur sert une fille aux œillades malignes
Et les thoniers demeurent seuls avec leurs lignes
Semblables à de longues cornes de homards.

Léon VALADE

PORT DE MER

Ceux dont un désir âpre a fouetté sans trêve
La vie, – aventuriers, conquérants ou bandits, –
Dont l'action tenta les courages hardis
Et que n'engourdit point l'oisiveté du rêve

Ceux-là, je les envie ! Ils ont, de grève en grève,
Poursuivant le mirage heureux des paradis,
Trouvé dans leurs projets chaque jour agrandis,
Sans y penser, la fin de leur carrière brève.

Et moi, que longuement ronge un regret amer,
Habitant sédentaire et vieux d'un port de mer,
Je m'en vais, regardant les vagues balancées,

Sur les quais encombrés d'un confus appareil,
Parmi les agrès noirs qui fument au soleil,
Pour aspirer l'odeur des grandes traversées.

Raymond QUENEAU

PORT

Le mur qui s'allonge
et le toit qui plonge
les bois tout pourris
ne sont plus ici

La grue très oblique
les porcs les barriques
bien que disparus
sont rien moins que vus

Ce bateau sans grâce
près du ciel s'efface
laissant le jour gris
s'enfuir avec lui

Le Havre, 1920.

Charles BAUDELAIRE

LE PORT

Un port est un séjour charmant pour une âme fatiguée des luttes de la vie. L'ampleur du ciel, l'architecture mobile des nuages, les colorations changeantes de la mer, le scintillement des phares, sont un prisme merveilleusement propre à amuser les yeux sans jamais les lasser. Les formes élancées des navires, au gréement compliqué, auxquels la houle imprime des oscillations harmonieuses, servent à entretenir dans l'âme le goût du rhythme et de la beauté. Et puis, surtout, il y a une sorte de plaisir mystérieux et aristocratique pour celui qui n'a plus ni curiosité ni ambition, à contempler, couché dans le belvédère ou accoudé sur le môle, tous ces mouvements de ceux qui partent et de ceux qui reviennent, de ceux qui ont encore la force de vouloir, le désir de voyager ou de s'enrichir.

Émile VERHAEREN

AU BORD DU QUAI

(extraits)

La mer ! la mer !

La mer tragique et incertaine,
Où j'ai traîné toutes mes peines !

Depuis des ans, elle m'est celle,
Par qui je vis et je respire,
Si bellement, qu'elle ensorcelle
Toute mon âme, avec son rire
Et sa colère et ses sanglots de flots ;
Dites, pourrais-je un jour,
En ce port calme, au fond d'un bourg,
Quoique dispos et clair,
Me passer d'elle ?

La mer ! la mer !

Elle est le rêve et le frisson
Dont j'ai senti vivre mon front.
Elle est l'orgueil qui fit ma tête
Ferme et haute, dans la tempête.
Ma peau, mes mains et mes cheveux
Sentent la mer
Et sa couleur est dans mes yeux ;
Et c'est le flux et le jusant
Qui sont le rythme de mon sang.

SULLY PRUDHOMME

LE LONG DU QUAI

Le long du quai les grands vaisseaux,
Que la houle incline en silence,
Ne prennent pas garde aux berceaux
Que la main des femmes balance.

Mais viendra le jour des adieux ;
Car il faut que les femmes pleurent
Et que les hommes curieux
Tentent les horizons qui leurrent.

Et ce jour-là les grands vaisseaux,
Fuyant le port qui diminue,
Sentent leur masse retenue
Par l'âme des lointains berceaux.

Victor HUGO

UNE NUIT QU'ON ENTENDAIT LA MER SANS LA VOIR

Quels sont ces bruits sourds ?
Écoutez vers l'onde
Cette voix profonde
Qui pleure toujours
Et qui toujours gronde,
Quoiqu'un son plus clair
Parfois l'interrompe...
Le vent de la mer
Souffle dans sa trompe.

Comme il pleut ce soir !
N'est-ce pas, mon hôte ?
Là-bas, à la côte,
Le ciel est bien noir,
La mer est bien haute.
On dirait l'hiver.
Parfois on s'y trompe...
Le vent de la mer
Souffle dans sa trompe.

Oh ! marins perdus !
Au loin, dans cette ombre,
Sur la nef qui sombre
Que de bras tendus
Vers la terre sombre !
Pas d'ancre de fer
Que le flot ne rompe...
Le vent de la mer
Souffle dans sa trompe.

Nochers imprudents !
Le vent dans la voile
Déchire la toile
Comme avec les dents.
Là-haut pas d'étoile.
L'un lutte avec l'air,
L'autre est à la pompe...
Le vent de la mer
Souffle dans sa trompe.

C'est toi, c'est ton feu
Que le nocher rêve,
Quand le flot s'élève,
Chandelier que Dieu
Pose sur la grève,
Phare au rouge éclair
Que la brume estompe...
Le vent de la mer
Souffle dans sa trompe.

Pierre REVERDY

FORTE MER

Devant le bateau immobile
Quelqu'un qui attend
C'est le port qui bouge
Il fait trop de vent
le niveau de l'eau change
tant la mer est lasse
Tout devient plus grand
Le marin qui passe arrive en retard
D'où vient l'air qu'il a
Et sa tête basse
la sortie du bar
Tout l'équipage est dans les mâts
Un oiseau s'efface
Sur le ciel plus plat
Tout le monde a peur
Quand la casquette l'air et les nombreux visages
le vent a tout mêlé dans un même nuage

Raymond QUENEAU

PINS, PINS ET SAPINS

Le ciel la mer saline et les rochers pleins d'eau
le cœur de l'anémone auprès des pins têtus
la marche auprès du ciel la marche auprès de l'eau
et la course assoiffée auprès des pins têtus

herbes mousses lichens et toutes les bestioles
le regard s'est perdu sous les sapins têtus
le regard qui s'égare après tant de bestioles
les peuples effarés sous les sapins têtus

le ciel la mer saline où sabre le soleil
tranche la tête plane aux sapins éperdus
se cabrant dans le ciel et se cabrant dans l'eau

tandis qu'une bestiole à l'ombre d'un lichen
cerne de son trajet le bois des pins têtus
sans qu'un regard disperse une route inutile

PAYSAGE DANS LE GOLFE DE GÊNES

(extrait)

Que j'aime à contempler dans cette anse écartée
La mer qui vient dormir sur la grève argentée,
Sans soupir et sans mouvement !
Le soir retient ici son haleine expirante
De crainte de ternir la glace transparente
Où se mire le firmament.

De deux bras arrondis la terre qui l'embrasse
A la vague orageuse interdit cet espace
Que borde un cercle de roseaux ;
Et d'un sable brillant une frange plus vive
Y serpente partout entre l'onde et la rive
Pour amollir le lit des eaux.

Là tremblent dans l'azur les muettes étoiles ;
Là dort le mât penché, dépouillé de ses voiles ;
Là quelques pauvres matelots
Sur le pont d'un esquif qu'a fatigué la lame,
De leurs foyers flottants ont rallumé la flamme,
Et vont se reposer des flots.

Le chêne aux bras tendus penche son tronc sur l'onde ;
Le tortueux figuier dans la mer qui l'inonde
Baigne, en pliant, ses lourds rameaux
Et la vigne y jetant ses guirlandes trempées,
Laisse pendre et flotter ses feuilles découpées,
Où tremblent les reflets des eaux.
(...)

Jules SUPERVIELLE

MARSEILLE

Marseille sortie de la mer, avec ses poissons de roche, ses coquillages et l'iode,
Et ses mâts en pleine ville qui disputent les passants,
Ses tramways avec leurs pattes de crustacés sont luisants d'eau marine,
Le beau rendez-vous de vivants qui lèvent le bras comme pour se partager le ciel,
Et les cafés enfantent sur le trottoir hommes et femmes de maintenant avec leurs yeux de phosphore,
Leurs verres, leurs tasses, leurs seaux à glace et leurs alcools,
Et cela fait un bruit de pieds et de chaises frétillantes.
Ici le soleil pense tout haut, c'est une grande lumière qui se mêle à la conversation,
Et réjouit la gorge des femmes comme celle des torrents dans la montagne,
Il prend les nouveaux venus à partie, les bouscule un peu dans la rue,
Et les pousse sans un mot du côté des jolies filles.
Et la lune est un singe échappé au baluchon d'un marin
Qui vous regarde à travers les barreaux légers de la nuit.
Marseille, écoute-moi, je t'en prie, sois attentive,
Je voudrais te prendre dans un coin, te parler avec douceur,
Reste donc un peu tranquille que nous nous regardions un peu
Ô toi toujours en partance
Et qui ne peux t'en aller,
A cause de toutes ces ancres qui te mordillent sous la mer.

1927.

Charles FRÉMINE

LE RAZ BLANCHART

I

Du haut de la roche hagarde
Que le flot ronge nuit et jour,
Au lever du soir je regarde
La mer triste comme l'amour.

Le raz Blanchart qui bout et fume,
Pâle de colère et de bruit,
Trace un chemin marbré d'écume
Sur la Manche où descend la nuit.

Au travers des houles qu'il tranche
Et qu'il redresse en hauts talus,
Il pousse au loin sa ligne blanche
Entre leur flux et leur reflux.

II

Tourné vers ce chemin immense,
Ô femme au visage accompli,
C'est à toi seule que je pense
Et c'est par toi qu'il est rempli.

Illuminant l'ombre farouche,
Tu marches, le front radieux,
Avec un sourire à ta bouche,
Avec une âme dans tes yeux ;

Et les vagues te font cortège,
Comme au temps où les matelots
Voyaient sur ce chemin de neige
Marcher Notre-Dame-des-Flots !

AU VIEUX ROSCOFF

Berceuse en nord-ouest mineur

Trou de flibustiers, vieux nid
À corsaires ! – dans la tourmente,
Dors ton bon somme de granit
Sur tes caves que le flot hante...

Ronfle à la mer, ronfle à la brise ;
Ta corne dans la brume grise,
Ton pied marin dans les brisans...
– Dors : tu peux fermer ton œil borgne
Ouvert sur le large, et qui lorgne
Les Anglais, depuis trois cents ans.

– Dors, vieille coque bien ancrée ;
Les margats et les cormorans
Tes grands poètes d'ouragans
Viendront chanter à la marée...

– Dors, vieille fille-à-matelots ;
Plus ne te soûleront ces flots
Qui te faisaient une ceinture
Dorée, aux nuits rouges de vin,
De sang, de feu ! – Dors... Sur ton sein
L'or ne fondra plus en friture.

– Où sont les noms de tes amants...
– La mer et la gloire étaient folles ! –
Noms de lascars ! noms de géants !
Crachés des gueules d'espingoles...

Tristan CORBIÈRE

Où battaient-ils, ces pavillons,
Écharpant ton ciel en haillons !...
– Dors au ciel de plomb sur tes dunes...
Dors : plus ne viendront ricocher
Les boulets morts, sur ton clocher
Criblé – comme un prunier – de prunes...

– Dors : sous les noires cheminées,
Écoute rêver tes enfants,
Mousses de quatre-vingt-dix ans,
Épaves des belles années...
. . . .

Il dort ton bon canon de fer,
À plat-ventre aussi dans sa souille.
Grêlé par les lunes d'hyver...
Il dort son lourd sommeil de rouille,

– Va : ronfle au vent, vieux ronfleur,
Tiens toujours ta gueule enragée
Braquée à l'Anglais !... et chargée
De maigre jonc-marin en fleur.

Roscoff. – Décembre.

Eugène GUILLEVIC

CARNAC

extraits

Mer au bord du néant,
Qui se mêle au néant,

Pour mieux savoir le ciel,
Les plages, les rochers,

Pour mieux les recevoir.

J'ai joué sur la pierre
De mes regards et de mes doigts

Et mêlées à la mer,
S'en allant sur la mer,
Revenant par la mer,

J'ai cru à des réponses de la pierre.

Tu regardes la mer
Et lui cherches des yeux.

Tu regardes des yeux
Et tu y vois la mer.

Église de Carnac
Qui est comme un rocher
Que l'on aurait creusé

Et meublé de façon
A n'y avoir plus peur.

Je sais qu'il y a d'autres mers,
Mer du pêcheur,
Mer des navigateurs,
Mer des marins de guerre,
Mer de ceux qui veulent y mourir.

Je ne suis pas un dictionnaire,
Je parle de nous deux

Et quand je dis la mer,
C'est toujours à Carnac.

Maurice FOMBEURE

MARINE

Lasse de l'éternelle écume,
Ô Sirène, plonge sans bruit.
Si la mer touchait à la nuit,
Tu pourrais siffler dans la brume.

– Cette rivière d'écume te l'interdit.

Les poissons dans les vitrines
Et les soleils des méduses,
Tout était trop clair.
– « Marins, ce lieu n'est pas sûr,
Dit la sirène de la Mer. »

Ulysse en conçut des frayeurs
Et ne fit qu'un saut chez Calypso.

La trompette de cristal,
La conque aux cloisons sonores
Lance un regret, puis encore
Lance un regret « capital »
Regret du pays natal.

Il partit. C'était fatal...

Lasse de l'éternelle écume,
Ô Sirène, plonge sans bruit.

Stéphane MALLARMÉ

BRISE MARINE

La chair est triste, hélas ! et j'ai lu tous les livres.
Fuir ! là-bas fuir ! Je sens que des oiseaux sont ivres
D'être parmi l'écume inconnue et les cieux !
Rien, ni les vieux jardins reflétés par les yeux
Ne retiendra ce cœur qui dans la mer se trempe
Ô nuits ! ni la clarté déserte de ma lampe
Sur le vide papier que la blancheur défend
Et ni la jeune femme allaitant son enfant.
Je partirai ! Steamer balançant ta mâture,
Lève l'ancre pour une exotique nature !

Un Ennui, désolé par les cruels espoirs,
Croit encore à l'adieu suprême des mouchoirs !
Et, peut-être, les mâts, invitant les orages
Sont-ils de ceux qu'un vent penche sur les naufrages
Perdus, sans mâts, sans mâts, ni fertiles îlots...
Mais, ô mon cœur, entends le chant des matelots !

Pablo NERUDA

ET RIEN D'AUTRE

De la vérité je fus solidaire :
pour instaurer la clarté sur la terre.

J'ai voulu être à tous comme le pain :
la lutte ne m'a pas surpris au loin.

Mais je retrouve ici ce que j'aimais,
la solitude que j'avais perdue :
je ne repose pas auprès de ce rocher.

Et la mer œuvre en mon silence.

Amélie MURAT

LA ROSE A LA MER

Ce n'est point une bague, ô mer, c'est une rose
Que je condamne et livre à ton immensité :
Veuille, en ta tombe éternellement entreclose,
Bercer ce peu de grâce et de suavité.

Certes, je ne viens pas, consacrant mon offrande,
En ma faveur, capter les dons irrésolus
D'un destin que mon cœur n'invoque ou n'appréhende,
Ni supplier des dieux auxquels je ne crois plus.

Le geste dont je lance, épanouie encore,
Cette pulpe florale et son pollen pourpré
Au gouffre dont aucun rameau ne peut éclore,
Symbolise un refus libre et désespéré.

Car la fleur dont le baume eût enivré ma veille
Et l'amour qui voulait exalter mon destin,
Je les anéantis d'une chute pareille :
Grande marée, à toi cet infime butin !...

C'est fait. À peine un choc éclabousse la lame
Qui reforme et poursuit son rythme souverain :
Un cadavre de fleur, une douleur de femme,
Que pèse cette écume à l'infini marin ?

LES REGRETS

(extraits)

Comme le marinier, que le cruel orage
A longtemps agité dessus la haute mer,
Ayant finalement à force de ramer
Garanti son vaisseau du danger du naufrage,

Regarde sur le port, sans plus craindre la rage
Des vagues ni des vents, les ondes écumer :
Et quelqu'autre bien loin, au danger d'abîmer,
En vain tendre les mains vers le front du rivage :

Ainsi, mon cher Morel, sur le port arrêté,
Tu regardes la mer, et vois en sûreté
De mille tourbillons son onde renversée :

Tu la vois jusqu'au ciel s'élever bien souvent,
Et vois ton Du Bellay à la merci du vent
Assis au gouvernail dans une nef percée.

Jules SUPERVIELLE

Nous sommes là tous deux comme devant la mer
sous l'avance saline des souvenirs.

De ton chapeau aérien à tes talons presque pointus
tu es légère et parcourue
comme si les oiseaux striés par la lumière de ta patrie
remontaient le courant de tes rêves.
Tu voudrais jeter des ponts de soleil entre des pays que séparent les océans et les climats, et qui s'ignoreront toujours.
Les soirs de Montevideo ne seront pas couronnés de célestes roses pyrénéennes,
les monts de Janeiro toujours brûlants et jamais cousumés ne pâliront point sous les doigts délicats de la neige française,
et tu ne pourras entendre, si ce n'est en ton cœur, la marée des avoines argentines,
ni former un seul amour avec tous ces amours qui échelonnent ton âme,
et dont les mille fumées ne s'uniront jamais dans la torsade d'une seule fumée.

Que tes paupières rapides se résignent, ô désespérée de l'espace !
Ne t'afflige point, toi dont le tourment ne remonte pas comme le mien, jusqu'aux âges qui tremblent derrière les horizons,
tu ne sais pas ce qu'est une vague morte depuis trois mille ans, et qui renaît en moi pour périr encore,
ni l'alouette immobile depuis plusieurs décades qui devient en moi une alouette toute neuve,
avec un cœur rapide, rapide,
pressé d'en finir,
ne t'afflige point, toi qui vois en la nuit une amie qu'émerveille ton sourire aiguisé par la chute du jour,
la nuit armée d'étoiles innombrables et grouillante de siècles,

qui me force pour en mesurer la violence,
à renverser la tête en arrière
comme font les morts, mon amie,
comme font les morts.

Juillet 1920.

Jules SUPERVIELLE

PLEIN CIEL

Au milieu d'un nuage,
Au-dessus de la mer,
Un visage de femme
Regarde l'étendue,
Et les oiseaux-poissons
Fréquentant ces parages
Portent l'écume aux nues.

*(Je connais cette femme
Où l'ai-je déjà vue.)*

Les chiens du ciel aboient
Dans un lointain sans terres,
Ce sont bêtes sans chair
Qui ne connaissent pas
Cette dame étrangère,
Et donnent de la voix
Avec leur âme austère.

*(Elle a des yeux si noirs
Que je les cherche en moi.)*

Silence tout à coup.
Visages dans les mains
Vont les sphères célestes
Qui retiennent leur souffle
Pour que ce chant modeste
Se fraye comme il faut
Son chemin jusqu'en haut.

*(Et voici qu'elle a pris
Sa tête entre ses mains.)*

Henri THOMAS

La vague roule son bruit
jusqu'au fond de mon sommeil,
je me soulève, pareil
aux bêtes que l'on conduit
titubantes dans la nuit.

Ah, ma chambre blanchissante
est comme un dôme de mousse,
une cabane, une tente,
et la porte que je pousse
ouvre la plage écumante,

la nuit qui meurt, ma pâle sœur,
ôte une étoile de son cœur,

moi cependant je cours, je vole,
dans une étrange carriole,

j'y suis tout seul et j'y suis bien,
les rênes dorment dans mes mains,

Va, petit cheval, que je voie
ta crinière qui se déploie,

frôle les feuilles de la haie,
trouble les feux de la rosée,

roule à la mer, léger, heurtant
à peine le rocher grondant.

Le vent marin va renverser
la carriole et le cocher.

ANNABEL LEE

Voici plusieurs, plusieurs années,
Dans un pays près de la mer,
Une fille vivait que vous pouvez connaître
Du nom d'Annabel Lee ;
Et cette fille n'avait pas d'autre pensée
Que de m'aimer, que d'être aimée de moi.

J'étais enfant, et elle était enfant
Dans ce pays près de la mer :
Nous nous aimions d'amour qui était plus qu'amour
Annabel Lee et moi,
D'amour que tous les séraphins ailés du ciel
Nous enviaient, à elle comme à moi.

C'est la raison pourquoi, jadis,
Dans ce pays près de la mer,
Un vent souffla des nues, glaçant
Ma belle Annabel Lee ;
Ainsi est arrivé son très noble parent
Qui l'emporta bien loin de moi,
Pour l'enfermer dans un sépulcre
En ce pays près de la mer.

Au ciel, les anges moins heureux que nous
Toujours nous enviaient –
Oui ! – voilà la raison (tout le monde le sait
Dans ce pays près de la mer)
Pourquoi le vent sortit des rues, la nuit,
Glaçant, tuant Annabel Lee.

Mais notre amour était plus fort que n'est l'amour
De ceux qui sont plus vieux que nous –

De ceux qui sont bien plus sages que nous –
Et ni les anges là-haut dans le ciel,
Ni les démons tout au fond de la mer,
Jamais ne pourront séparer mon âme
Et l'âme de la belle Annabel Lee,

Car la lune jamais ne brille qu'en m'offrant
Des rêves de la belle Annabel Lee.
Et les étoiles ne montent jamais aux cieux
Que si je sens les yeux d'Annabel Lee ;
Ainsi, toute la nuit, je repose près d'elle,
Mon aimée – mon aimée – ma vie, mon épousée,
Dans le sépulcre tout près de la mer,
Dans son tombeau près de la mer qui bruit.

Fernand GREGH

MARINE

Les mâts geignent sous les voiles,
Doucement,
Et bercent dans le gréement
Les étoiles.

Et le roulis est si doux,
Si tranquille,
Que le pont semble immobile
Devant nous,

Et qu'à travers le ciel libre,
Au vent frais
Où l'écheveau des agrès
Tremble et vibre,

On dirait que, dans l'air bleu,
Oscillante,
C'est toute la nuit qui, lente,
Roule un peu...

A peine si la mer gronde
Aux bords sourds
D'un récif que bat toujours
L'eau profonde.

L'humble odeur des foins fauchés
Du rivage
Glisse avec l'odeur sauvage
Des rochers.

Fernand GREGH

L'ombre est orageuse et chaude ;
Dans les flots,
Un marsouin, près des hublots,
Souffle et rôde.

Et, sourd murmure à l'avant
Monotone,
J'écoute l'eau qui moutonne,
En rêvant.

Oui, ce soir, dans le silence
De la nuit,
Le monde sans fin, sans bruit,
Se balance...

– Et je suis aussi bercé
Sur l'eau grise,
Je me sens parmi la brise
Balancé,

Au long murmure de la grève
Doux-amer,
Par deux infinis, la mer
Et le rêve...

Benjamin PÉRET

BÂBORD POUR TOUS

Bâbord détachez mon cerveau bleu
Bâbord éloignez mon voisin de gauche
Bâbord donnez-moi de l'eau potable
Bâbord prenez garde aux montagnes
Bâbord songez à l'arsenic
Bâbord changez l'encre qui est jaune
Bâbord protégez-moi des courants d'air
Bâbord souvenez-vous de l'année dernière
Bâbord souvenez-vous de la chaleur
Bâbord souvenez-vous des promeneurs de cactus
car nous passons
nous passons et les hirondelles passent avec nous
mais nous crachons en l'air
et les hirondelles crachent sur nous

BIOGRAPHIES DES POÈTES

La vie d'un poète ne saurait tenir entre deux dates ou se définir à partir d'une date. Sa poésie est le reflet des événements et des hommes qu'il a connus. Vous trouverez ci-dessous quelques lignes sur chacun des auteurs, mais il eût fallu de trop nombreuses pages pour vous les présenter tous. Aussi lirez-vous ici les textes biographiques des auteurs les moins connus, ou dont l'œuvre est très proche du thème abordé. Les biographies de ceux qui manquent ici figurent dans les autres volumes de la collection.

Rafael Alberti (né en 1902). – Originaire de Cadix (Espagne), il fut d'abord un peintre connu avant de se consacrer à la poésie. Grand poète, grand voyageur, il combattit pendant la guerre civile espagnole. Exilé en Argentine durant vingt-trois ans, vivant ensuite à Rome, il a publié *Le Marin à terre* (1925), *Qui a dit que nous étions morts,* entre autres ouvrages.

Antonin Artaud (1896-1948). – Homme torturé, malade, tenaillé par la révolte et l'imprécation, Artaud fut un homme de théâtre, un visionnaire et un très grand poète. Il fut interné plus de dix ans. Il a vécu sa passion jusqu'aux plus extrêmes limites. L'intensité de ses écrits n'a d'égale que celle de sa souffrance d'homme totalement écorché.

Jules-Amédée Barbey d'Aurevilly (1808-1889). – Aristocrate, royaliste, d'une intransigeance redoutable avec ses contemporains, issu d'un milieu familial très « ancienne France » il fut toujours attiré par les lettres. Son dandysme, ses excès d'alcool et d'opium ne l'empêchèrent pas de devenir un brillant polémiste littéraire. C'est après 1870 qu'il produit ses plus grandes œuvres : *Les Diaboliques* en 1874, *Un prêtre marié* en 1881, *Memoranda*, dans un style flamboyant baroque, étrange.

Abel Bonnard (1883-1968). – Écrivain et journaliste français, il est l'auteur d'essais sur *L'Enfance* (1927), *L'Amitié* (1929). Partisan de la collaboration, il dut se réfugier en Allemagne puis en Espagne.

Tristan Corbière (1845-1875). – Fils d'un ancien corsaire devenu bourgeois respecté et romancier, celui qui se prénommait Édouard Joachim eut une vie difficile, totalement solitaire. Atteint de rhumatismes, il ne put jamais devenir le marin, l'aventurier qu'il rêvait d'être. Il se réfugia dans les livres, la dérision. Son unique recueil, *Les Amours jaunes*, contient son amour de la mer, son rire impitoyable, le génie d'un homme torturé et lucide.

Charles Cros (1842-1888). – Autodidacte en langues orientales, sciences mécaniques et physiques, il mena de pair des travaux scientifiques et une œuvre littéraire. Précurseur du phonographe il le fut également du surréalisme, en littérature, avec une poésie saugrenue, cocasse et d'une parfaite lucidité.

Casimir Delavigne (1793-1843). – Ce libéral en politique fut un des grands auteurs du théâtre historique français avec *Les Vêpres siciliennes* (1819) et *Marino Faliero* (1829). Ce poète est un classique.

Roger Devigne (1885-1965). – Il imprimait lui-même ses poèmes, fut directeur du musée de la Parole et de la Phonothèque nationale.

Joachim du Bellay (1522-1560). – Ce gentilhomme aurait dû faire carrière dans les armes ou dans la diplomatie. Mais un jour il rencontre Ronsard. Il publie en 1548 le manifeste de la Pléiade, *Défense et illustration de la langue française.* La Pléiade, qu'il fonda avec Ronsard, réunissait les talents neufs de l'époque de la Renaissance.

Charles Frémine. – Un vrai poète. Ses vers sont pris sur le vif de la vie et de la nature, vécus et vus. Ils ont la chaleur pénétrante de la sincérité. Ses recueils : *Floréal* (1870), *Vieux airs et jeunes chansons* (1884), *Poésies* (1900).

Paul Fort (1872-1960). – Né à Reims. Passionné de théâtre, il vient très tôt à Paris et crée le théâtre d'Art, futur théâtre de l'Œuvre. Ses premières *Ballades françaises* paraissent en 1896. Il est élu Prince des Poètes en 1912. Un poète très fécond, une inspiration d'humanité et de tendresse vigoureuse.

Federico Garcia Lorca (1899-1936). – Né près de Grenade en Andalousie, auteur dramatique, ce grand poète mourut fusillé par les soldats du général Franco pendant la guerre d'Espagne. Une poésie violente, colorée, vibrante, un chant d'amour à l'Espagne, aux Gitans, aux taureaux, au peuple espagnol.

Fernand Gregh (1873-1960). – Fils d'un compositeur, licencié en philosophie, il publia son premier recueil de vers, *La Maison de l'enfance,* en 1896, qui fut suivi de très nombreux autres. Grand voyageur, cet élégiaque prônant le retour à la nature en poésie fut élu à l'Académie française en 1953.

Marc Adolphe Guégan (1891-1959). – Ce journaliste fut et reste le poète de l'île d'Yeu où il est né et à laquelle il a consacré son œuvre. Il chante son île et la mer dans l'*Invitation à la fête primitive* (1921), *Insula Oya ou l'enfant à la conque* (1923), *Trois Petits Tours et puis s'en vont* (1924), *Mystique des tempêtes* (1927).

José Maria de Heredia (1842-1905). – Originaire de Cuba (Santiago), de mère française, il fait ses études à Paris : en 1866, il collabore au *Parnasse contemporain* ; en 1895, il est élu à l'Académie française après le succès de son unique recueil, *Les Trophées* (1893) ; il devient administrateur de la bibliothèque de l'Arsenal. Au lyrisme romantique se substitue la beauté formelle et s'impose la rigueur du sonnet.

Nazim Hikmet (1902-1963). – Né en Turquie, poète dès quatorze ans, justement imprégné de la tradition soufi, mais très tôt alerté par les problèmes des politiques de son pays, il prend part à l'action révolutionnaire en 1919, composant alors sa *Marche de la Jeunesse.* Militant, il est emprisonné en 1932 et continue à écrire, solidaire de tous les condamnés, son amour de la vie, son optimisme. Il est libéré en 1950, et meurt à Moscou en 1963.

Victor Hugo (1802-1885). – Un auteur immense dont l'œuvre couvre presque un siècle de poésie. Fils d'un général de Napoléon, il serait « Chateaubriand ou rien »... Son œuvre brasse des préoccupations morales, politiques, un souci aigu de la liberté, en une inspiration littéraire jamais vue. *Les Contemplations* (1856) portent en germe tous les futurs courants poétiques de la poésie de la fin du XIXe siècle et du XXe siècle, de Baudelaire à Valéry, en passant par Verlaine et Mallarmé ! C'est aussi le fabuleux visionnaire de la ville avec l'épopée humaine des *Misérables* (1862). Il fut aussi l'homme politique qui, forcé de s'exiler en 1851 pour son opposition au régime, prit parti pour la Commune. Un grand génie du Verbe qui a exploité toutes les formes que peut prendre l'inspiration en une immense épopée littéraire.

Anatole Le Braz (1859-1926). – Né dans les Côtes-du-Nord, de brillantes études le conduisirent à l'enseignement qu'il pratiqua toute sa vie. Il fut professeur de philosophie et de littérature française. Sa thèse de doctorat porta sur l'*Histoire du théâtre celtique* (1904). Il est l'auteur des *Légendes de la mort en Basse-Bretagne* (1893) ; nouvelliste, romancier, toute son œuvre est consacrée à la véritable Bretagne, la Bretagne armoricaine.

Pierre de Marbeuf (né aux environs de 1596, mort en 1645). – Né aux environs de Pont-de-l'Arche, celui qu'on appelait le Chevalier de Marbeuf était le fils du sieur d'Imare et de Sahurs. Il fit ses études à La Flèche, son Droit à Orléans, publia dès 1618 des Poésies mêlées, d'inspiration religieuse. Il revint à Pont-de-l'Arche pour se consacrer aux Eaux et Forêts et à la poésie. Une édition complète de ses œuvres eut lieu en 1629.

Paul Morand (1888-1976). – Ce romancier, voyageur des *sleepings* et des *steamers* fut toujours cet « homme pressé », titre d'un de ses romans, car il comprenait vite. S'attarder lui semblait une faute de goût, une impolitesse. Diplomate, écrivain, romancier, historien, critique, toujours aux aguets.

Amélie Murat (1885-1940). – L'amour de la nature et l'amour maternel lui ont inspiré de beaux vers tendres et musicaux. Ses meilleurs recueils s'intitulent *Le Sanglot d'Ève* (1923), *Chants de minuit* (1926), *Le Chant de la vie* (1935), *Vivre encore* (1937).

Yann Nibor (né en 1857, mort au début du siècle). – Né à Saint-Malo, il s'appelait en fait Albert Robin. Une famille de marins, un père ébéniste, très tôt familiarisé avec la mer et les pêcheurs, il devint mousse, marin de la Flotte. Proche des pauvres matelots, il écrivait des chansons de leur vie. Il tenta sa chance à Paris comme chanteur de café-concert puis, d'arsenal en arsenal, chantant sur les bateaux, il devint le chantre de la Marine nationale.

Sully Prudhomme (1839-1907). – D'abord ingénieur, il décida très vite de se consacrer à la poésie. Il publia *Stances et Poèmes* (1865) à vingt-six ans. Succès immédiat pour le *Vase brisé.* Il collabore au Parnasse ayant un souci de la perfection formelle proche de celui de Leconte de Lisle, tandis que le contenu de son œuvre prend de plus en plus une tournure « philosophique ». Sa poésie a du mal à échapper à une certaine préciosité et au verbalisme. Il fut élu à l'Académie française en 1881 et reçut le premier prix Nobel de littérature en 1901.

Raoul Ponchon (1848-1937). – Après avoir passé sa jeunesse en province, il vint à Paris et se fit connaître dans les salons littéraires. Il n'exerça jamais de profession régulière mais écrivit sans relâche plus de cinquante mille vers publiés dans le *Courrier français* (1887-1907) puis dans le *Journal* une « gazette rimée » dans laquelle il commentait les événements contemporains. Sa curieuse vie faite de nombreuses habitudes fut totalement consacrée à l'écriture.

Jean Richepin (1849-1926). – Ce fort en thème, étudiant brillant, engagé dans un corps de francs-tireurs au moment de la Commune, fut journaliste, matelot, docker. Anticonformiste, il se fit connaître avec *La Chanson des gueux* (1876) qui le conduisit en prison... Ce poète naturaliste, mais un peu trop formaliste, était désormais célèbre.

Léon Valade (1841-1884). – Né à Bordeaux, ayant vécu à Paris, un écrivain à l'inspiration variée, auteur de petites comédies en vers : *Molière à Auteuil, Le Barbier à Pézenas, Les Papillotes,* et de poèmes tels *A mi-côte* (1873), *Nocturnes* (1886).

Alfred de Vigny (1797-1863). – Né à Loches, passionné par la Bible, Vigny était le fils d'aristocrates ruinés par la Révolution. Il fut gendarme de la Maison du Roi au retour de Louis XVIII. De garnison en garnison, il écrivit *Servitude et grandeur militaires.* Carrière militaire, carrière littéraire, aussi, il écrit parallèlement ses plus beaux poèmes et *Cinq-Mars,* un roman. Ami de Victor Hugo, il fait partie du Cénacle avec Delacroix, Sainte-Beuve, Balzac, Dumas, Musset ; *Chatterton* (1835) le rend célèbre. Ce grand créateur romantique et classique, poète, philosophe, auteur des *Poèmes* (1822) s'arrêta de publier à quarante ans, un peu désenchanté et trouvant sa célébrité suspecte. Ce n'est qu'après sa mort que furent éditées *Les Destinées.*

TABLE DES MATIÈRES

71. Paul Morand, Dépressions sur l'Atlantique (Poèmes, Gallimard, 1973)
73. Arthur Rimbaud, Marine *(Les Illuminations,* 1886)
74. Jean Tardieu, Le Voyage *(Au temps des dieux étouffés, La Part de l'ombre,* Gallimard 1948)
75. Nazim Hikmet, Voyage à Barcelone sur le bateau de Youssouf l'Infòrtuné *(Anthologie poétique de N. Hikmet,* Les Editeurs français réunis, 1964)
77. Jules Supervielle, Paquebot *(Débarcadère,* Gallimard, 1956)
78. Alphonse de Lamartine, Souvenir *(Pièces ajoutées aux Harmonies poétiques et religieuses,* 1830)
80. Jules Supervielle, « Comme un bœuf bavant au labour... » *(Débarcadères,* Gallimard, 1956.)
82. André Pieyre de Mandiargues, Midi *(L'Age de craie,* Gallimard, 1961)
84. Antonin Artaud, Le Navire mystique, *(Premiers poèmes,* 1913-1923, Gallimard, 1970.)
85. Alfred de Vigny, La Sérieuse *(Les Poèmes antiques et modernes,* 1822-1826)
91. Philippe Jaccottet, Portovenere (*L'Effraie et autres poésies,* 1946-1950, Gallimard 1954)
92. Paul Verlaine, Marine *(Eaux-fortes, Poèmes saturniens,* 1866)
93. Roger Devigne, Odeur marine *(Poèmes,* l'Encrier, 1956)
95. Paul Eluard, Marines *(Les Raisons de rêver, Le Livre ouvert II* Gallimard, 1947)
98. Paul Fort, La Mer (*Ballades françaises,* 1896, Flammarion 1908)
99. Eugène Guillevic, La Vague (*Carnac,* Gallimard, 1961)
100. Pierre de Marbeuf, Et la mer et l'amour ont l'amour pour partage (XVIe siècle)
101. Federico Garcia Lorca, La Ballade de l'eau de mer (*Poésies II, 1921-1922,* Gallimard 1954)
102. Claude Roy, Lieder de la mer qui s'ennuie (*Poésies,* Gallimard, 1970)
103. Paul Claudel, Don du vase rond (*Poésies,* Gallimard, 1919)
104. Guillaume Apollinaire, Océan de terre, *(Calligrammes,* Gallimard 1925)
105. Paul Verlaine, Sagesse XV *(Sagesse,* A. Messein, 1889)
107. Anatole Le Braz, La légende de la mort chez les Bretons armoricains (*La Chanson de la Bretagne,* 1892, Honoré Champion, 1928)
109. Yann Nibor, Les Sauveteurs, (Flammarion, 1889)
114. Jules Supervielle, Naufrage *(Les Amis inconnus,* Gallimard, 1934)
115. Tristan Corbière, Le Naufrageur *(Les Amours jaunes)*
117. Charles Péguy, l'Epave *(Sonnets,* Gallimard 1957)
118. Raymond Queneau « Je n'ai donc pu rêver que de fausses manœuvres *(Chêne et chien,* Gallimard, 1952)
119. Victor Hugo, « La source tombait de la mer... » *(Les Contemplations,* 1856)
120. Jean Follain, Rivages *(Territoires,* Gallimard, 1953)
121. Federico Garcia Lorca, Romance somnambule *(Poésies II,* Gallimard, 1954).
122. Marc Adolphe Guégan, Les Thoniers *(Oya-Insula ou l'Enfant à la conque,* Albert Messein, 1923)
124. Léon Valade, Port de mer *(A mi-côte,* Lemerre)
125. Raymond Queneau, Port *(Les Ziaux,* 1943)
126. Charles Baudelaire, Le Port *(Petits Poèmes en prose, Le Spleen de Paris)*
127. Emile Verhaeren, Au bord du Quai *(Les Villes tentaculaires,* 1895)
128. Sully Prudhomme, Le Long des quais *(Mélanges,* Lemerre)
129. Victor Hugo, Une nuit qu'on entendait la mer sans la voir, *(Les Voix intérieures,* 1837)
130. Pierre Reverdy, Forte mer *(Les Cravates de chanvre 1922, La Plupart du temps,* Gallimard, 1969)
131. Raymond Queneau, Pins, pins et sapins, *(L'Instant fatal,* Gallimard, 1948)

132. Alphonse de Lamartine, Paysage dans le Golfe de Gênes *(Harmonies poétiques et religieuses)*
133. Jules Supervielle, Marseille *(Débarcadères,* Gallimard, 1956)
134. Charles Frémine, Le Raz Blanchart *(Bouquet d'automne,* Ollendorf)
135. Tristan Corbière, Au vieux Roscoff *(Les Amours jaunes)*
137. Eugène Guillevic, Carnac *(Carnac,* Gallimard, 1961)
138. Maurice Fombeure, Marine (*A dos d'oiseau,* Gallimard, 1945 et 1969)
139. Stéphane Mallarmé, Brise marine *(Poésies,* Gallimard, 1945)
140. Pablo Neruda, Et rien d'autre *(Les Pierres du ciel, Les Pierres du Chili,* Gallimard, 1960)
141. Amélie Murat, La Rose à la mer *(Le Sanglot d'Eve,* Garnier Frères)
142. Joachim du Bellay, Les Regrets (extraits, 1558)
143. Jules Supervielle, « Nous sommes là tous les deux comme devant la mer sous l'avance saline des souvenirs... » (*Débarcadères,* Gallimard, 1956)
145. Jules Supervielle, Plein ciel *(Le Forçat innocent,* Gallimard, 1930)
146. Henri Thomas, « La vague roule son bruit... » *(Signe de vie, 1944, Poésies,* Gallimard, 1970)
147. Edgar Poe, Annabel Lee (*Les Poèmes,* Gallimard, 1928)
149. Fernand Gregh, Marine (*Couleur de la vie,* 1927, Grasset-Fasquelle)
151. Benjamin Péret, Bâbord pour tous (*Le Grand jeu,* Gallimard, 1928 et 1955)

ICONOGRAPHIE

6-7 La pêche aux sardines, litho *(photo BN)* **9 :** Tempête *(photo BN)* **12 :** Litho, XIXe siècle, *(coll. V. Besnier)* **15 :** Les bancs de Terre-Neuve, 1889, illust. Léon Couturier (*coll. V. Besnier)* **17 :** Le repos du mousse (photo carte post. *coll. Vincent Besnier)* **19 :** Gravure sur bois du XIXe siècle (*doc. J. Sternberg)* **21 :** Eau-forte *(La vie navale, Librairie d'Education nationale)* **25 :** Amiraux (Tableau, *Musée de la Marine, Paris)* **27 :** Surcouf sur le *Hasard* (litho, *Musée de la Marine)* **33 :** Marin *(coll. V. Besnier)* **35 :** Bénédiction de la flotille partant pour la pêche *(Rêver la mer, de J. Sternberg)* **43 :** Pêcheur (carte post. *V. Besnier)* **46 :** Cachalot *(photo BN)* **48 :** Pêche à la baleine, (gravure de Yan Dargent, *Rêver la mer)* **50 :** Danse dans la mer *(gravure de Grandville)* **53 :** Phare, gravure sur bois *(Rêver la mer)* **55-56-57 :** Goélands *(photo J. Huricher)* **58 :** Caravelles, eau-forte *(L'Invention du monde, Delpire)* **60-61 :** Naufrage, gravure sur bois *(Rêver la mer)* **68 :** Gravures sur bois *(L'Invention du monde, Delpire)* **73 :** Banquise *(L'Illustration, 18 Mai 1878)* **81 :** Bateau à roue, gravure sur bois **86-87 :** Tempête sur canal de la Manche litho *(photo BN)* **92 :** Falaise, gravure sur bois **94 :** Gravelines, eau-forte *(Rêver la mer)* **98-99 :** Vagues de l'océan (gravure sur bois de Jules Noël *(idem.)* **100 :** Gravure de Gustave Doré *(Le Dit du vieux marin, Gallimard, 1978)* **103 :** Lumière magnéto-électrique sur l'Océan universel, gravure de Jules Noël, *(Rêver la mer)* **105 :** Marée haute, litho d'Isabey, *(idem)* **106 :** Le Duncan, gravure sur bois de Riou **108 :** Au gouvernail, gravure sur bois de Meyer *(Rêver la mer)* **112-113 :** Life boat, sauvetage d'un bateau naufragé, gravure sur bois *(Musée de la marine)* **114 :** Un homme à la mer, gravure sur bois **119 :** Cascade, gravure *(L'Invention du monde, Delpire)* **123 :** Bretonnes, Quimper (carte post. *coll. Vincent Besnier)* **124-125 :** Suez, gravure *(Le Tour du Monde)* **126 :** Le port de Singapour, gravure sur bois *(doc. Jack Grout)* **128 :** Le départ, litho du XIXe siècle **144 :** Femme de marin, litho. *(coll. Vincent Besnier)* **148 :** Anges, êtres fantastiques, gravure de G. Doré (*Le dit du vieux marin)* **150 :** Retour au port, Saint-Malo *(coll. Besnier)* **152-153 :** Iles du Salut et battures de Malmanoury, dessin de Riou *(Rêver la mer)*

ICONOGRAPHIE

la mer
en poésie

Supplément illustré

réalisé par Alain Dupire et Sylvie Puech

Maquette et illustrations Etienne Théry

folio junior en poésie

Tout, dans la vie maritime, invite au rêve, à l'imagination, à l'oubli, à l'ivresse des embruns, au drame des départs et des naufrages. De la terre où nous vivons, où nous habitons, où nous rêvons, d'un sémaphore, du haut d'une falaise, le long d'une plage, la mer, par son horizon infini, toujours reculé, l'ampleur de sa respiration, la violence ou la sérénité de sa houle n'est pas un décor quelconque, mais la présence complémentaire à la terre, de l'illimité.

Oui c'est la mer, le lieu premier de la richesse.
Hölderlin

Mythologie

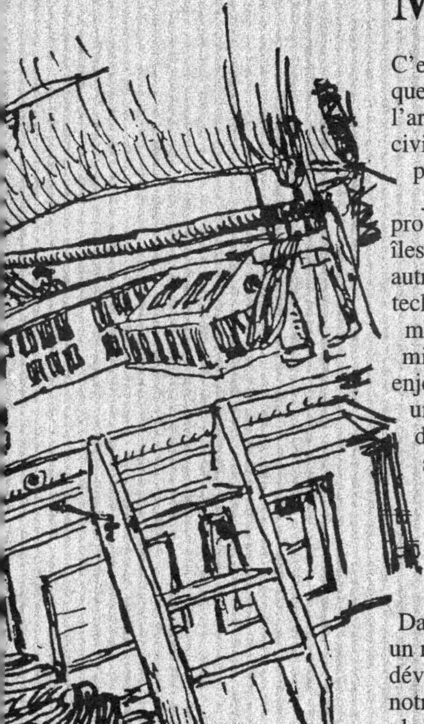

C'est en Méditerranée, il y a quelque 2500 ans, dans l'archipel grec qu'est née notre civilisation, notre monde politico-économique. Par le juste équilibre entre proximité et éloignement des îles les unes par rapport aux autres, rendu possible par l'état technique de la navigation, la mer a favorisé l'essor du microcosme grec où tous les enjeux humains ont pu, pour un temps s'exprimer, se développer, s'opposer, sans se détruire. Dans cet univers, le navire était l'élément moteur de l'échange, de la culture mais aussi de l'effroi.

Dans une mer fermée comme un monde, et à son image, s'est développé notre espace mental, notre civilisation, aujourd'hui planétaire, et qui, de ce fait, ne peut plus être englobée dans un monde plus grand (comme le monde romain, par exemple). De ce passé, il nous reste une mythologie et des épopées comme *L'Odyssée* ou *Les Argonautes*.

Pour les Grecs, la mer était divine et peuplée d'êtres surnaturels : dieux, déesses, demi-dieux et monstres. Les mythes et la divination fournissaient aux marins des explications aux traversées heureuses, aux intempéries, aux accidents, aux aléas de ce que l'on continue à appeler «la fortune de me ».

Poséidon et son trident, Amphitrite, Triton, Thétis aux pieds d'argent parce qu'elle court dans le brisant des grèves, les nymphes meurtrières, les sirènes, les danseuses Néréides, grâces infinies des flots, etc., se meuvent dans l'empire mystérieux de l'antique *Okeanos* (océan en grec).

Peuples navigateurs

Le manche de ma pagaïe gouvernail frémit dans le feu de l'action. Ma pagaie nommée kantu-ki-te... elle conduit vers l'horizon à peine visible... (Chant polynésien de la haute- mer)

Des siècles avant les Européens, les Polynésiens, par excellence le peuple de la mer, reliaient et colonisaient des îles par des navigations transocéaniques de plusieurs milliers de milles.
Ils avaient trois types d'embarcations, toutes démontables : la petite et la grande pirogue à balancier creusée dans des arbres, le katamaran ou pirogue double, c'est-à-dire: deux coques réunies par une plate-forme sur laquelle était construit un rouf ou abri.
Pendant des siècles, ils vont parcourir et peupler presque toutes les îles du Pacifique, grâce à leur navigation intrépide et savante. Des années d'observation du ciel, de la périodicité et de la régularité des vents et des courants, de l'orientation et des modifications de la houle, mémorisées, constituaient avec une cartographie de baguettes de bois et de coraux, comme les repères d'un récit, un savoir sacré détenu par quelques-uns.
Le polynésien est la langue la plus riche en termes maritimes.

Découvreurs

La pénurie des terres et les envahisseurs mongols ont poussé sur mer les Vikings ou les Maoris. Mais qui pousse Christophe Colomb ou Magellan, nos héros familiers ? Ce n'est pas la mort qu'ils bravent, ni même l'océan furieux, mais l'inconnu.Quand, à la fin du XIXe siècle, Josua Slocum, le père des navigateurs d'aujourd'hui, entame sur le *Spray*, sa circumnavigation solitaire, il sait que ce sera difficile, voire mortel – ce qui va être le cas. Mais il peut imaginer ce qui risque de lui arriver, ce qu'il est suceptible de rencontrer. Colomb ou Magellan ne savent rien, lorsqu'ils appareillent. Par cette ignorance acceptée, exaltée, ils nous subjuguent et nous échappent. L'histoire les habite et les entraîne.

Francisco Serrao, un ami de Magellan s'était installé dans une des îles de la Sonde, après un naufrage. Devenu Grand Vizir, il écrit à Magellan et lui suggère de le rejoindre en prenant la route de Christophe Colomb, étant donné la position extrême-orientale des

îles des épices. En octobre 1517, Magellan arrive à Séville. Naturellement taciturne, il va jouer d'autant mieux, maintenant et plus tard face à ses officiers et à ses équipages, la certitude qui n'a pas besoin de se justifier : “Donne-moi une flotte, dit-il au roi de Castille, il existe un passage.” Le 20 octobre 1520, il est devant le détroit qui porte désormais son nom.
Le 7 novembre 1520, il reste de l'autre côté, il réunit ses capitaines : “Nous nous enfoncerons dans cet océan (qu'il va baptiser "pacifique") jusqu'à ses limites, dussions-nous manger le cuir de notre gréement.”
On sait qu'il en fut ainsi.

Les pirates

Les flibustiers sont des pirates français (de l'île de la Tortue) et anglais (de la Jamaïque) – ils se nommaient eux-mêmes les “Frères de la côte” – qui, dans la seconde moitié du XVIIe siècle, commandés par Montbars, Laurent de Graff, Nau l'Olonnois, Morgan, etc, attaquaient les galions espagnols ou les possessions : Vera Cruz, Carthagène, Panama, Maracaïbo, etc.,
Une “charte-partie” (un papier commun dont chacun prenait la moitié) réglait les bénéfices de chacun et les indemnités allouées pour chaque blessure. La coutume était de partager le butin au pied du grand mât. Pour réaliser leurs exploits, les

flibustiers recrutaient en renfort les boucaniers. Ainsi nommait-on, sur l'île de Saint-Domingue, des chasseurs de sangliers et de taureaux sauvages, qui se nourrissaient de viande séchée, fumée, “boucanée”, et “qui vivaient comme des sauvages sans aucun chef”.

Des vêtements si imbibés de sang et de graisse qu'ils semblaient être de toile goudronnée, des bas de cuir, des souliers en peau de porc ou de vache, un bonnet “cul de chapeau dont il restait environ quatre doigts de bord coupés en pointe au-dessus des yeux”, donnaient aux boucaniers un aspect singulier. Un couteau et un long fusil spécialement fabriqué à Dieppe ou à Nantes, complétaient leur accoutrement.
Pour être promu boucanier, après trois ans, il fallait être assez adroit pour couper d'une balle à distance la queue d'une orange, et être assez fort pour porter pendant des kilomètres, des cuirs d'un poids de 120 livres.

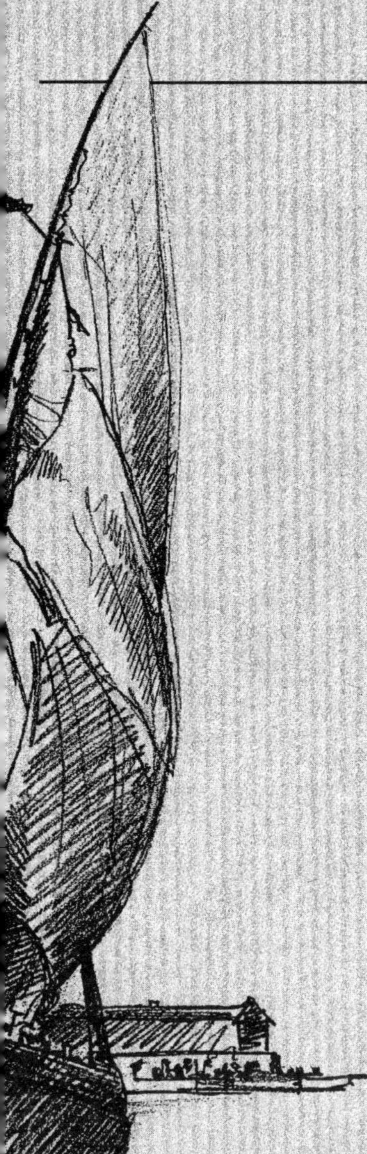

Jean Bart

Presque à la même époque, c'est l'âge d'or de la "course" en Europe. Dunkerque, Saint-Malo, sont des ports presque exclusivement composés de corsaires, de "capre s" comme on dit à Dunkerque. C'est aux pilotes de la mer du Nord qu'il faut demander le secret de Jean Bart.
De Dungeness aux Skagerrak, du Dik au Doggerbank , il connaît toutes les passes, tous les hauts fonds, les heures des marées, les hauteurs d'eau, les courants, les décôtes ou les surcôtes dues aux vents, etc...
A cette époque, tout ce qui est important du point de vue martime et commercial passe par le Pas-de-Calais et la mer du Nord. On croyait Bart là, il était ici... Chaque navire était menacé par cette soudaine réversibilité.

La chasse à la baleine

L'épopée de la chasse à la baleine et au cachalot, la plus dangereuse à cause de ses

énormes coups de queue qui pouvaient faire chavirer ou engloutir une embarcation, a commencé au XIVe siècle dans le golfe de Gascogne par les Basques. Aux États-Unis, elle se concentre à partir du XVIIe siècle dans le port de New Bedford et, non loin au large, dans l'île de Nantucket. C'est en 1672 que les registres de Nantucket mentionnent pour la première fois la capture d'une baleine.
On compte 6 baleiniers en 1715, 100 en 1765, la décennie la plus profitable est celle de 1820 à 1830, 237 navires rapportent 36 105 barils d'huile, et 349 789 barils de spermaceti. La dernière fois qu'un baleinier débarque sa cargaison, c'est le 14 juin 1870.

Le cap Horn

Quittant la France
en rêve tantôt
J'ai revu nos bateaux
Grand largue
par la brise appuyée
Filant vers l'alizée
Adieu cap Horn,
San Francisco
Adieu Valpairaiso
(Chant des cap-horniers)

Le cap Horn (ou cap Dur) est l'ilôt de plus austral de l'Amérique du Sud. C'est un rocher sombre de 580 m de haut, il fut reconnu au XVIIe siècle par Schouten et Lemaire. Balayé par les coups de vent, ses alentours encombrés de hauts fonds et d'écueils obligeaient les gros navires du XIXe siècle à le doubler au sud.

En 1898, Slocum fut le premier à passer le Cap Horn à la voile en solitaire. Aujourd'hui, le cap Horn et les "roaring Forties" restent l'incontournable épreuve initiatique que doit affronter un jour ou l'autre cette cohorte de nouveaux marins "élevés" ou émules de Tabarly et qui ont tous, malgré leurs exploits et leur goût pour les techniques les plus modernes, gardé un amour authentique pour ces vieux gréements qui renaissent ici ou là, ces beaux navires de bois de notre imaginaire, tandis qu'au large, imperturbables, les tankers (pétroliers) poursuivent leurs rotations.

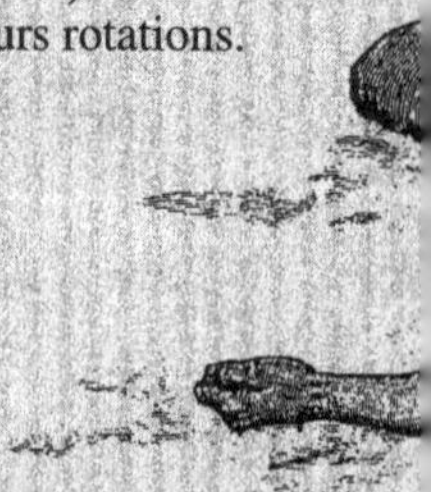

Figures de poésie

La rime

La rime est le premier élément de correspondance sonore. On peut la définir comme "l'homophonie, entre deux ou plusieurs mots, de leur dernière voyelle tonique ainsi que de tous les phonèmes qui, éventuellement, la suivent" (J. Mazaleyrat). On la trouve généralement en fin de vers, encore qu'il existe d'autres compositions plus élaborées.

Les rimes terminées par un *e* muet après une consonne (monde) ou une voyelle (venue) sont des rimes féminines, alors que les autres rimes sont des rimes masculines :

Il se sera perdu le navire archaïque
Aux mers où baigneront mes rêves éperdus
Et ses immenses mâts se seront confondus
Dans les brouillards d'un ciel de Bible et de Cantiques...

Le Navire mystique, p. 84.

Que pensez-vous des autres rimes de ce poème ?

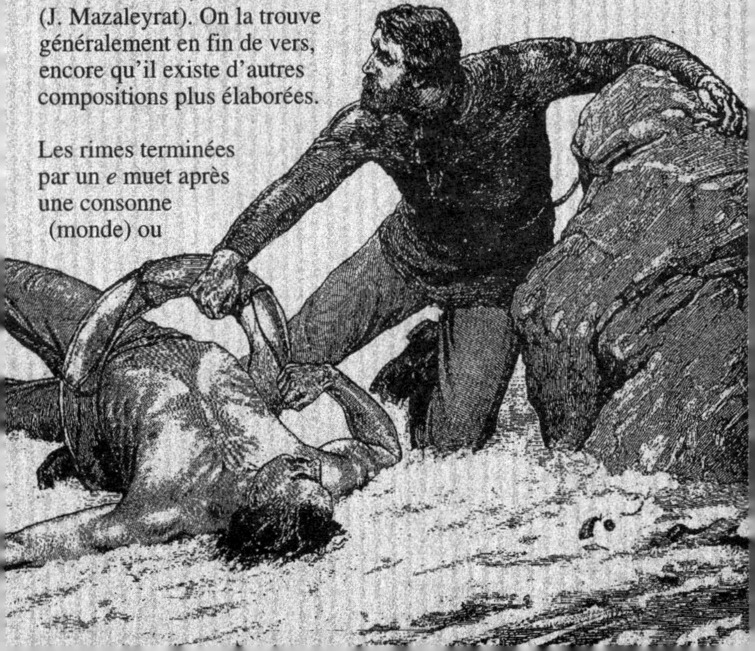

La rime peut être pauvre, suffisante ou riche, selon le nombre d'homophonies contenues :
Rime pauvre en *oi* – une seule homophonie à la dernière voyelle tonique du vers :

Je suis la tempête et l'effroi
Je finis où le ciel commence.
Est-ce que j'ai besoin de toi,
Petite, moi qui suis l'immense ?

Hugo, p. 119.

Rime suffisante – deux homophonies en "age" : voyelle tonique + consonne suivante :

Tu te plais à plonger au sein de ton image.
Tu l'embrasses des yeux et des bras, et ton cœur
Se distrait quelquefois de sa propre rumeur
Au bruit de cette plaine indomptable et sauvage.

Baudelaire, p. 20.

Ou, consonne d'appui + voyelle tonique phonétiquement finale :

Si l'eau pouvait éteindre un brasier amoureux
Ton amour qui me brûle est si fort douloureux

Pierre de Marbeuf, p. 100.

La rime riche comporte, elle, trois homophonies ou plus. Voici un exemple d'homophonies en "reve" avec consonne d'appui + voyelle tonique + consonne :

J'ai vu dans mes yeux, dans mon rêve,
La Notre-Dame des Brisans
Qui jetait à ses pauvres gens
Un gros navire sur leur grève...

Corbière, p. 115.

La dernière distinction importante est à faire entres les rimes plates, croisées, ou embrassées :

Rime plate :
Le mur qui s'allonge
et le toit qui plonge
les bois tout pourris
ne sont plus ici

Queneau, p.125.

Rime croisée :
L'eau claire et pure,
l'eau sans fin,
C'était l'eau
de la plaine amère.
Ils sont morts de soif
et de faim,
Les trois petits
sans père
ni mère.

Richepin, p. 19.

Rime embrassée :
Pour me conduire au Raz,
j'avais pris à Trogor
Un berger chevelu
comme un ancien Evhage ;
Et nous foulions,
humant son arôme sauvage,
L'âpre terre kymrique
où croît le genêt d'or.

De Heredia, p. 21.

L'allitération

L'allitération est un procédé traditionnel qui consiste à répéter une même consonne audible, initiale en particulier pour suggérer un son ou créer à l'intérieur du poème des correspondances sonores.
Ainsi le très célèbre
Pour qui sont ces serpents qui sifflent sur vos têtes de Racine.
Nous avons aussi :
Mais la baleine s'en empare, et se précipitant sur le père
Elle le transperce de part en part,
Prévert p. 45.

Ou encore :
Dans les golfes unis que seuls nous dégrafons
Nous nous ruons, pareils à des taureaux profonds.

Abel Bonnard, p. 49.

L'assonance

L'assonance, autre figure classique, est la répétition d'une même voyelle :
Pour son baiser, les rois du Monde
Seraient morts les pauvres fameux
Pour elle eussent vendu leur ombre, écrit Apollinaire.

Exercez-vous à votre tour...

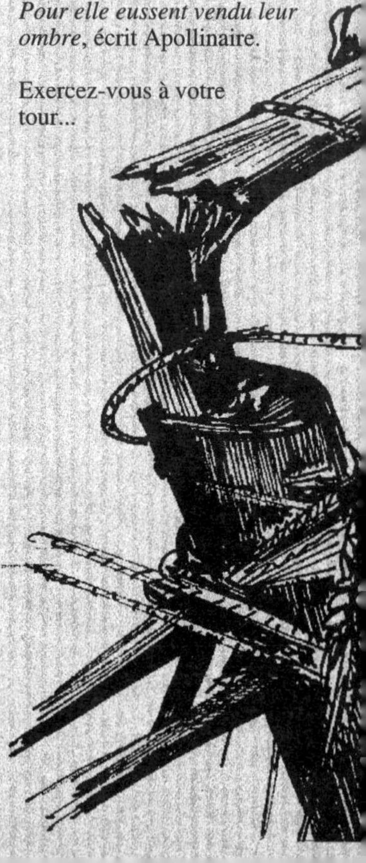

L'allitération

L'allitération est un procédé tradtionnel qui consiste à répéter une même consonne audible, -initiale en particulier pour suggérer un son ou créer à l'intérieur du poème des correspondances sonores :
Ainsi le très célèbre

Pour qui sont ces serpents qui sifflent sur vos têtes...(Racine)

Nous avons aussi :
Mais la baleine s'en empare, et se précipitant sur le père
Elle le transperce de part en part , Prévert (p. 45)

Ou encore :
Dans les golfes unis que seuls nous dégrafons
Nous nous ruons, pareils à des taureaux profonds.`
Bonnard (p. 49)

L'assonance

L'assonance, autre figure classique, est la répétition d'une même voyelle :

Pour son baiser, les rois du Monde
Seraient morts les pauvres fameux (???)

Pour elle eussent vendu leur ombre (Apollinaire)

La paronomase qui joue à rapprocher des mots phonétiquement proches, mais de sens différents, est utilisée par Marbeuf, Rabelais ou Ronsard qu a pu écrire : *Ma douce Hélène, non, mais bien douce haleine...*

Robert Desnos, dans son poème *Rrose Sélavy* (1922-1923) reprend le principe. Il crée des sonorités en les décomposant et les juxtaposant. Ce poème, qui porte comme titre l'un des pseudoymes de Marcel Duchamp, est aussi un clin d'œil au peintre. Découvron Rose Selavy :

Questions aux astronomes
Rose Sélavy inscrira-t-elle longtemps au cadran des astres le cadastre des ans ?
O mon crâne, étoile de nacre qui s'étiole
Aragon recueille in extremis l'âme d'Aramis sur un lit d'estragon.

Mots êtes-vous des mythes et pareils aux myrtes des morts?

Martyre de saint Sébastien
Les lois de nos désirs sont des clés sans loisir
O ris cocher des flots! Auric, hochet des flots, au ricochet des flots

Michel Leiris, dans la *Révolution surréaliste,* compose une forme de dictionnaire poétique dans lequel chaque définition de mot vise à faire la "preuve par le son" de sa signification. Les combinaisons sonores suggèrent alors des associations d'i ées et révèlent d'autres sens du mot proposé.

Dans son recueil, *Glossaire : j'y serre mes gloses,* découvrons :
Amour - armure
Bolides - balles solides qui lapident les lobes
Décimer - détruire les cimes
Crime - une mine de cris
Echafaud - les échasses de la faux
Lèvres - on les lit comme des livres
Marbre - arbre immuable des veines
Oreilles - à leur treille s'enroule l'ortie des sons

Vebiage - herbage des mots
sans vie
Vie - un Dé la sépare du viDe.

Palindrome!

Prévert (p. 25) bouleverse le sens de lecture du mot "amiral" pour ridiculiser la fonction :
L'amiral Larima
Larima quoi
La rime à rien

A la manière de *L'amiral Larima*, tous ces mots ou phrase qui se lisent indifféremment de gauche à droite ou de droite à gauche en conservant le même sens portent le nom de palindrome.

On lira aussi : *Ubu, radar.*
Et encore : *Eve rêve.*

A révèler mon nom, mon nom révèlera (E. Rostand)

A Laval, elle l'avala (Michel Laclos)

Tu l'as trop écrasé, Cesar,
ce Port-Salut
Elu par cette crapule

A vous de trouver des mots de la langue française et de composer des phrases qui fonctionnent de la même façon.

Paronomase!

A la manière de Marbeuf (p. 100) qui joue à juxtaposer des mots aux sonorités proches, mais de sens très différent, fabriquez, vous aussi, ces figures de style que l'on nomme paronomases. Vous pourrez prendre aussi modèle sur Rabelais qui s'amuse à confondre le *service divin* et le *service du vin*, ou sur Robert Desnos pour qui *Aimable souvent est sable mouvant* et *Le plaisir des morts est de moisir à plat !*

Un mot pour un autre

Jean Tardieu, qui avait aussi l'esprit facétieux, se piqua, un jour de 1949, de composer une comédie en un acte intitulée *Un mot pour un autre*. Voici le genre de réplique que l'on pouvait y rencontrer :
...Quoi, vous ici cher Comte ? Quelle bonne tulipe !"
...Vous avez le pot pour frire.

Amusez-vous à réécrire le texte de Jean Tardieu *Le Voyage* (p. 74) dans un genre comique, ou concoctez votre propre pièce dans le style du Théâtre de boulevard.

Les océans

1) Les océans et les mers occupent :
25% de la surface de notre planète
B. 85% de la surface de notre planète
C. 55% de la surface de notre planète
D. 75% de la surface de notre planète

2) L'océan Pacifique (1/3 de la planète) a une surface de :
A. 55 millions de km2
B. 29 millions de km2
C. 127 millions de km2
D. 158 millions de km2

3) L'océan Atlantique a une surface de :
A. 58 millions de km2
B. 27 millions de km2
C. 112 millions de km2
D. 73 millions de km2

4) L'océan Indien a une surface de :
A. 5 millions de km2
B. 14 millions de km2
C. 42 millions de km2
D. 95 millions de km2

5) Le domaine maritime est lplus étendu :
A. Dans l'hémisphère nord

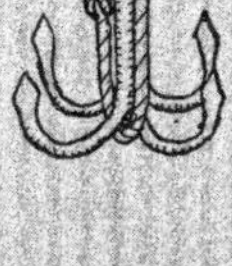

Achevé d'imprimer
le 28 septembre 1993
sur les presses de
l'Imprimerie Hérissey
à Évreux (Eure)

Loi n° 49-956 du 16 juillet 1949
sur les publications destinées
à la jeunesse
Dépôt légal : octobre 1993
N° d'imprimeur : 62939
ISBN 2-07-056819-9

Imprimé en France

56803

Thomas Schmidt

WAS GRÜNT UND BLÜHT IN HAMBURG?

EIN PFLANZENKUNDLICHER STADTFÜHRER

JUNIUS

INHALT